HESSEN KOCHT

15 DER ANGESAGTESTEN KOCHSTARS
AUS HESSEN GEWÄHREN EINEN BLICK HINTER DIE KULISSEN
UND PRÄSENTIEREN IHRE IDEEN UND BESTEN REZEPTE.

FLIEGENDE KÖCHE BY CHRISTOPH BRAND, HOTEL KRONENSCHLÖSSCHEN, KRAFTWERK, MAX ON ONE, MON AMIE MAXI, NEXT LEVEL, RESTAURANT FRANÇAIS, RESTAURANT HEIMAT, RESTAURANT PHILIPP SOLDAN, ROOMERS RESTAURANT, SEVEN SWANS, SONNE STUBEN, SRA BUA BY JUAN AMADOR, TANDREAS, ZENZAKAN

KRAFTWERK – Bertl Seebacher | 30

NEXT LEVEL – Marcin Szczepanczyk | 60

INHALT

RESTAURANT HEIMAT – Gregor Nowak | 90

SONNE STUBEN – Timo Schröder | 120

ZENZAKAN – Sebastian Roisch | 150

INHALT

„HESSEN KOCHT" – 176 SEITEN VOLLER GENUSS:
15 DER ANGESAGTESTEN KÖCHE AUS HESSEN ÖFFNEN IHRE PERSÖNLICHEN REZEPTBÜCHER UND GEWÄHREN EINEN EXKLUSIVEN EINBLICK IN IHRE RESTAURANTS UND KÜCHEN.

15 RESTAURANTS 15 STARKÖCHE UND IHRE BESTEN REZEPTE

Lassen Sie sich beflügeln und inspirieren: Haben Sie den Mut, mehr Heimat zu wagen und Hessen kulinarisch zu erkunden. Ob in Rhein-Main, im Taunus, im Rheingau oder in Osthessen: Die Vielfalt der Regionen bietet eine entsprechende Bandbreite an Produkten und Erzeugnissen, die in den Kochtöpfen der Macher von „Hessen kocht" zu kulinarischen Botschaftern des Landes werden. Alle Destinationen bieten faszinierende Angebote, bei denen die regional spezifische Küche, internationale Cross-over-Kreationen und alte Traditionen zur Geltung kommen. Autor Georg Hoffelners Ziel war es, genau diesen Reichtum der hessischen Küche mit ihren Raffinessen aufzuzeigen und zu beweisen, dass dieses Land neben der vielerorts bekannten deftigen Küche noch einiges mehr zu bieten hat.

Daher begab er sich auf eine außergewöhnlich spannende kulinarische Reise an die Herde der Spitzenköche des Landes. Mit besten Grundprodukten, Leidenschaft und jeder Menge Know-how ausgestattet sorgen diese für unvergessliche Geschmackserlebnisse. Mit der Kamera begleitet hat diese Genusstour Meisterfotograf Wolfgang Hummer, der die Kreationen der Küchenvirtuosen perfekt in Szene setzte. Das Ergebnis dieses außergewöhnlichen Roadtrips: 45 meisterhafte Rezepte zum Schmökern, Nachkochen und Genießen, kreiert von 15 hessischen Ausnahmeköchen. Stürzen Sie sich also auf die Welt der besten Köche dieses Bundeslandes und entdecken Sie die genialsten Rezepte von etablierten Sterneköchen und aufstrebenden Shootingstars – wie immer verständlich rezeptiert und ganz einfach am heimischen Herd nachzukochen. Ganz egal, ob Sie den Hauptprotagonisten dieses Buches einen Besuch abstatten oder selbst an die Töpfe und Pfannen gehen – wir wünschen Ihnen in jedem Fall viel Spaß beim Nachkochen und Lesen.

Jürgen Pichler
Herausgeber

Katharina Wolschner
Chefredakteurin

GEORDNET UNORDENTLICH UND MIT FETTEN BEATS ROCKT **CHRISTOPH BRAND** MIT SEINER CATERINGCREW DER **FLIEGENDEN KÖCHE** DIE GAUMEN DER NATION.

CRAZY SOUL BROTHER

Du musst kochen lieben, als wärst du immer Gast geblieben" prangt in riesengroßen Lettern an einer Wand in Christoph Brands Küchenloft in Kassel. Und dass der abgedrehte Ausnahmekönner diesem Motto während seiner beruflichen Laufbahn stets treu geblieben ist, beweist seine außergewöhnliche Karriere. Brand war bereits mit 29 Jahren Küchenchef im „Maritim" in Bad Wildungen. 2005 gründete er dann die „fliegenden Köche", ein Cateringunternehmen, das in ganz Deutschland für Furore sorgt und auch vor Größen des Showbiz nicht haltmacht. Wir sind Helden, Pete Doherty, Juli, Jan Delay, Max Herre und viele mehr wurden bereits von Christoph Brand und seiner abgedrehten Truppe kulinarisch gerockt. Seit 2010 betreibt er auch ein temporäres Restaurant mit dem ironischen Namen „Amy's Weinhaus".

BRAND **GEFÄHRLICH ESSEN**

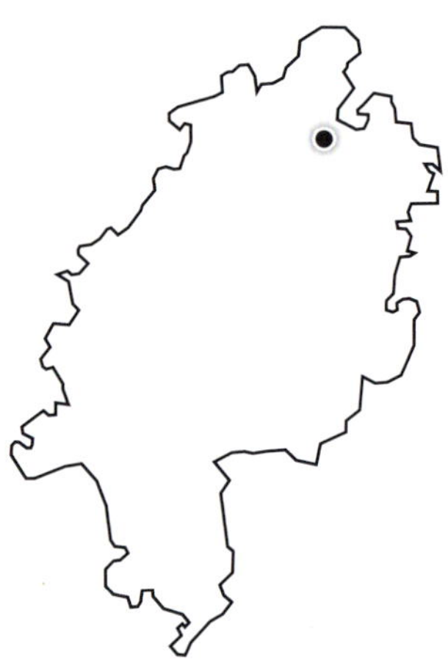

fliegende Köche by Christoph Brand
Lilienthalstraße 15
D-34123 Kassel
Tel.: +49 (0) 561/98 85 30-1
E-Mail: info@fliegende-koeche.de
www.fliegende-koeche.de

Hip-Hop ist die große Leidenschaft von Christoph Brand. Er ist einfach und klar, erfordert aber auch Witz und Kreativität. Und genau so kocht der gebürtige Fritzlarer auch. Denn ist er nicht gerade mit den Stars der deutschen Hip-Hop-Szene on Tour oder sorgt als Caterer bei Mega-Events für staunende Gäste, kocht er in seinem „Amy's Weinhaus" gewitzte Gerichte wie „Halbes Hähnchen von der Wachtel mit hausgemachten Wedges und Himbeerketchup", „Rodeo-Roastbeef niedrig gegart, tasmanische Pfefferjus, speckiger Kartoffelkuchen und Wirsingstrudel" oder „Bachs Valrhona-Schweinerei". Brands Team kocht innovativ und um die Ecke gedacht, aber immer mit einfachen Mitteln. Doch ganz egal welche Kreationen bei Brand auf den Tisch kommen, sie haben immer Seele und man schmeckt, dass jede Menge Soul drinsteckt.

SCHWIERIGKEITSGRAD: LEICHT | **ZUBEREITUNGSZEIT:** 1 STUNDE

„WECKEWERK DEKADENT"

MIT HUMMER, STAUDENSELLERIE UND SAURER SAHNE

FÜR 4 PERSONEN:

WECKEWERK:
300 g Weckewerk
50 g Schalotten, in feine Würfel geschnitten
50 g Salatgurke, geschält, entkernt und in feine Würfel geschnitten
Majoran

STAUDENSELLERIE:
150 g Staudensellerie, geputzt
Salz
Olivenöl, mild
Zucker zum Abschmecken

AUSSERDEM:
4 Hummerschwänze, verzehrfertig
1 Zitrone, Abrieb
Olivenöl, mild
Meersalz
50 g saure Sahne
1 Handvoll Wiesenkräuter

WECKEWERK: Das Weckewerk kross anbraten, die Schalotten, die Gurken und den frischen Majoran dazugeben und noch kurz mitziehen lassen.

STAUDENSELLERIE: Den Staudensellerie mit der Aufschnittmaschine hauchdünn schneiden. Danach zuckern und salzen und etwas Olivenöl dazugeben.

AUSSERDEM: Die Hummerschwänze im Olivenöl mit Fingerspitzengefühl kurz erhitzen, mit Zitronenabrieb und Salz abschmecken. Danach zusammen mit dem Staudensellerie und dem Weckewerk anrichten und mit saurer Sahne und Wiesenkräutern dekorieren.

» WEINEMPFEHLUNG:
2012 „DUELL" WEISSWEIN CUVÉE TROCKEN
Mantha Winery, Rheinhessen

Die Feingliedrigkeit des Rieslings verbündet sich perfekt mit dem saftigen Schmelz des Weißburgunders. Sehr frische Nase mit viel Birne und knackigem Apfel, helle Zitrusnote, mineralische Säure am Gaumen, belebend.
www.duell-wein.de

» PROFITIPP:
Den Staudensellerie wirklich erst kurz vor knapp zuckern und salzen, damit er so knackig wie möglich serviert werden kann.
Christoph Brand, Küchenchef

SCHWIERIGKEITSGRAD: LEICHT | **ZUBEREITUNGSZEIT:** 1 STUNDE

AHLE WURSCHT ASIATISCH

DER NORDHESSISCHE KLASSIKER
MIT SCHARFER GURKE UND TERIYAKISAUCE

FÜR 4 PERSONEN:

SCHARFE GURKE:
1 Salatgurke, geschält, entkernt und in lange Tagliatelle geschnitten
1 Chilischote, entkernt und in feine Würfel geschnitten
40 g Sushi-Ingwer, eingelegt und in feine Würfel geschnitten
20 g Akazienhonig
1 Msp. Wasabi
30 ml Olivenöl
1 Limette, Saft und Abrieb
2 Zweige Koriandergrün, sehr fein geschnitten
Salz

TERIYAKISAUCE:
200 ml Sojasauce, hell
20 ml Fischsauce
1 Knoblauchknolle, fein geschnitten
1 Stängel Zitronengras, angeschlagen
1 Chilischote mit Kernen, fein geschnitten
40 g Ingwerwurzel, fein geschnitten
6 Stängel Koriandergrün plus Blätter, fein geschnitten
1 Limette, Abrieb und Saft
80 g Zucker, braun
30 g Sesamsaat

AUSSERDEM:
60 Scheiben Ahle Wurscht, gut gereift
Schweine-Popcorn
Thaikresse und Sprossen

SCHARFE GURKE: Alle Zutaten gut miteinander verrühren und über die Gurken geben, vorsichtig vermengen und eventuell mit etwas Salz abschmecken.

TERIYAKISAUCE: Alle Zutaten außer dem Sesam und den Korianderblättern in einen Topf geben, kurz aufkochen lassen und 30 Minuten ziehen lassen. Das Aufgekochte passieren und die Flüssigkeit beiseitestellen. Den Sesam goldbraun anrösten, zusammen mit den Korianderblättern in die passierte Flüssigkeit geben und fertig ist die Teriyakisauce.

AUSSERDEM: Die Wurscht flach auf einem Teller anrichten und zusammen mit der scharfen Gurke, der Teriyakisauce, dem Schweine-Popcorn und der Thaikresse sowie den Sprossen anrichten.

» WEINEMPFEHLUNG:
2013 LITERWEISE ROSÉ-CUVÉE QUALITÄTSWEIN FEINHERB
Weingut Hammel, Pfalz

Herrlicher Duft nach roten Beerenfrüchten und einem eleganten Aromenspiel. Erfrischend, spritzig mit eleganter, feinherber Art. **www.weinhammel.de**

» PROFITIPP:
Darauf achten, dass die Ahle Wurscht gut gereift, sprich hart ist.
Christoph Brand, Küchenchef

SCHWIERIGKEITSGRAD: MITTEL | **ZUBEREITUNGSZEIT:** 2 STUNDEN

„FLUGZEUG"

RISOTTO VOM HÜHNERFRIKASSEE MIT KNUSPRIGEM FRÜHLING UND BLUTWURST

FÜR 4 PERSONEN:

RISOTTO:
120 g Risottoreis
40 g Schalotten, geschält
100 ml Weißwein, trocken
600 ml Hühnerfond, kräftig
Olivenöl
100 g Bergkäse
50 g Sahne, geschlagen
100 g Hühnchenkeulenfleisch, gezupft und gekocht
12 Stg. Spargel, grün, geschält und schräg in Scheiben geschnitten
100 g Champignonköpfe, sehr klein
50 g Zuckerschoten, geputzt
50 g Erbsen
80 g Butter
Salz, Pfeffer aus der Mühle, schwarz
Zucker, weiß
Worcestersauce
1 Zitrone, Saft und Abrieb

KNUSPRIGER FRÜHLING:
1 Bd. Grüne-Sauce-Kräuter, fein geschnitten
4 Bl. Frühlingsrollenteig
100 g Blutwurst, fein gewürfelt
50 g Äpfel, geschält und in feine Würfel geschnitten
1 Eigelb
2 TL Bergkäse, fein gerieben

AUSSERDEM:
Kresse
gebratene Blutwurstwürfel zur Deko

RISOTTO: Hühnerfond und Weißwein einmal zusammen aufkochen und beiseitestellen. Schalotten fein gewürfelt in Olivenöl zusammen mit dem Reis anschwitzen und unter ständigem Rühren nach und nach den Hühnerweißweinfond dazugeben. Parallel das Gemüse und später das Hühnchenfleisch in der heißen Pfanne mit etwas Butter und einer guten Prise Zucker karamellisieren lassen und mit Salz abschmecken. Zum Schluss die Butter und das Hühnchengemüse zum Risotto mit leichtem Biss dazugeben. Eventuell mit Salz, Pfeffer, Zitronensaft und -abrieb sowie der Worcestersauce abschmecken. Kurz vor dem Servieren die geschlagene Sahne und den Bergkäse unterheben.

KNUSPRIGER FRÜHLING: Die Blutwurst mit dem Apfel, den Kräutern und dem Bergkäse gut verrühren. Die Frühlingsrollenteigblätter mit Eigelb bestreichen, die Blutwurstmasse flach darauf verteilen und mit Fingerspitzengefühl aufrollen. Bei 180 °C im Ofen goldbraun und knusprig backen.

AUSSERDEM: Den knusprigen Frühling zusammen mit der Kresse und den gebratenen Blutwurstwürfeln auf dem Risotto anrichten und los geht's!

» WEINEMPFEHLUNG:
2013 EICHSTETTER GRAUBURGUNDER KABINETT TROCKEN
Weingut Friedrich Kiefer, Kaiserstuhl, Baden

Ein feiner Duft nach Quitten, Aprikosen und Mandeln verführt die Nase. Voller Körper und viel Extrakt, Kraft und weiche Fülle beeindrucken den Gaumen.
www.weingutkiefer.de

» PROFITIPP:
Besonders wichtig ist es, dass man Risottoreis verwendet und nicht irgendeinen Reis.
Christoph Brand, Küchenchef

MIT RESPEKT VOR DER QUALITÄT DER PRODUKTE VEREDELT **SEBASTIAN LÜHR** IM **KRONENSCHLÖSSCHEN** AUSGEWÄHLTE ZUTATEN ZU RAFFINIERTEN KÖSTLICHKEITEN.

KOCH MIT BISS

Mit sympathischem Grinsen empfängt Sternekoch Sebastian Lühr im „Kronenschlösschen" seine Gäste und schafft damit gleich zu Beginn die harmonische Basis für einen außergewöhnlichen Genussabend. Seit Frühling 2013 ist Lühr dort für die kulinarische Linie verantwortlich, er ist im renommierten Feinschmeckertempel jedoch kein Unbekannter. Hier absolvierte er bereits von 1997 bis 2000 seine Lehre. Bevor Lühr 2007 dann Sous Chef in Hattenheim wurde, durfte er bei einigen der deutschen Giganten den Kochlöffel schwingen. Ob bei Hans Stefan Steinheuer oder bei 3-Sterne-Guru Joachim Wissler: Das große Potenzial Lührs blieb schon den Lehrmeistern nicht verborgen. 2007 kehrte er nach Eltville zurück, stieg vom Sous zum Küchenchef auf und kocht seitdem auf beeindruckendem Sterneniveau.

KOMPROMISSLOS **EHRLICH**

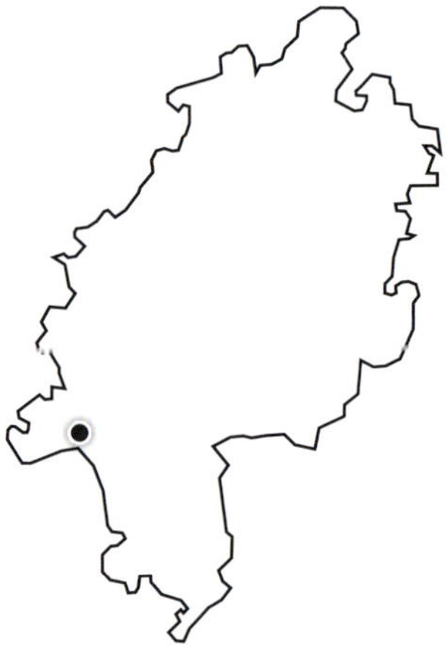

Hotel Kronenschlösschen
Rheinallee 1
D-65347 Eltville-Hattenheim
Tel.: +49 (0) 67 23/640
E-Mail: info@kronenschloesschen.de
www.kronenschloesschen.de

Scheinbar mühelos sorgt das „Kronenschlösschen"-Team für ein breites Aromenspektrum und schafft somit Kreationen, die selbst verwöhnten Gourmets nachhaltig auf dem Gaumen bleiben. Dazu braucht es Mut, Produkte in allerbester Qualität und eine Servicemannschaft, die den herrlichen Gerichten Sebastian Lührs auch gerecht wird. Soweit möglich, bezieht Lühr die Lebensmittel aus der Nachbarschaft: Bachsaibling und Forelle aus dem Wispertal, Steinpilze und Pfifferlinge von heimischen Sammlern, Reh, Hirsch und Wildschwein aus den Rheingauer Bergen. Ein weiteres Highlight unter vielen: der imposante Weinkeller. Die pralle Weinkarte mit mehr als 1200 Positionen beflügelt ebenso die Sinne wie die fürstliche Atmosphäre. Raritäten aus Frankreich und gereifte Rieslinge sind dabei die Heroes des Hauses.

SCHWIERIGKEITSGRAD: SCHWER | **ZUBEREITUNGSZEIT:** 1½ STUNDEN

HUMMER

GRÜNER APFEL/VIOLETTE REISCREME/DIM SUM

FÜR 4 PERSONEN:

HUMMER: 2 Stk. Hummer, 600 g

CHINOISE-GEMÜSE:
1 Karotte, ½ Knolle Sellerie
15 Zuckerschoten
½ Chilischote, rot, 1 Stk. Ingwer
Koriander, Salz

PUFFREIS:
Camargue-Reis, rot, Kurkuma
Basmatireis, Pflanzenfett

VIOLETTE REISCREME:
150 g Reis, schwarz
500 ml Milch, 3,5 %, 4 g Agar-Agar
Salz, Cayenne, Zucker

APFELGEL:
400 g grünes Apfelmark (Boiron TK)
30 ml Limonensaft, 5 g Agar-Agar

DIM SUM UND CROUSTILLANT-FÜLLUNG:
Hummerfleisch aus Scheren und Gelenken, 50 g Lachs-Farce
10 ml Sojasauce, ½ Frühlingslauch
Ingwer, Koriander, Salz, Cayenne
Dim-Sum-Teig, Kadaifi-Teig

KOKOSNAGE:
1 EL Sesamöl, 2 Stg. Zitronengras
1 Chilischote, rot, 70 g Zucker
2 Kefir-Limonenblätter
1 TL Curry-Paste, grün
1 Ingwerknolle, 1 Zwiebel
1 Knoblauchknolle
750 ml Kokosmilch
200 ml Weißwein
200 ml Noilly Prat, 20 ml Pernod

APFELPETERSILIENPASTE:
7 Granny-Smith-Apfelschalen
1 Bd. Petersilie

GARNITUREN:
1 Pck. Enoki-Pilze, 1 Granny-Smith-Apfel, Koriander

HUMMER: Die Hummer im Ganzen kochen, in kaltem Wasser abschrecken und ausbrechen. Die Hummerschwänze halbieren und kalt stellen. Die Hummerscheren und Gelenke ausbrechen. Das ausgelöste Hummerfleisch ebenfalls kalt stellen.

CHINOISE-GEMÜSE: Karotte, Sellerie und Zuckerschoten fein schneiden. Die Chilischote klein würfeln. Würzen und alles kalt stellen.

PUFFREIS: Die verschiedenen Reissorten in Wasser gar kochen. Zu einem Teil des Basmatireises Kurkuma ins Kochwasser geben. Den gekochten Reis absieben und getrennt auf Pergamentpapier bei geringer Hitze im Ofen trocknen. Den getrockneten Reis bei 220 °C in Pflanzenfett knusprig frittieren.

VIOLETTE REISCREME: Den schwarzen Reis in einem Topf bei geringer Hitze rösten. Mit Milch aufgießen und einmal aufkochen lassen. Die Milch absieben und mit Salz, Cayenne und Zucker abschmecken. Den gewürzten Reis mit Agar-Agar erneut aufkochen und kalt stellen. Das entstandene Gelee im Thermomix bei 37 °C glatt mixen und durch ein Microsieb passieren.

APFELGEL: Das Apfelmark auftauen, mit Limonensaft abschmecken und mit Agar-Agar aufkochen. Danach kalt stellen. Das Gelee im Thermomix bei 37 °C glatt mixen und durch ein Microsieb passieren.

DIM SUM UND CROUSTILLANT-FÜLLUNG: Das Hummerfleisch aus Scheren und Gelenken fein hacken, mit der Lachs-Farce und dem fein geschnittenen Frühlingslauch vermengen. Diese Masse mit Sojasauce, Salz, Cayenne und frischem Koriander sowie geriebenem Ingwer abschmecken. Den Dim-Sum-Teig mit einem Nudelholz leicht ausrollen und die Hummermasse darin einschlagen. Für die Croustillants den Kadaifi-Teig in ca. 15 Zentimeter lange Bahnen legen, ebenfalls mit der Hummermasse füllen und in Kugeln zusammenrollen.

FERTIGSTELLUNG: Die Hummerschwänze in Olivenöl anbraten und bei niedriger Temperatur auf eine Kerntemperatur von 43 °C gar ziehen lassen. Den Dim Sum in einem Dampfkorb garen, die Croustillants in Pflanzenfett bei 180 °C knusprig frittieren. Das Gemüse in Sesamöl erhitzen, mit Salz, Chiliwürfeln, frisch geriebenem Ingwer abschmecken und mit frischem Koriander vermengen. Die Kokosnage mit der Apfelpetersilienpaste mixen, passieren und mit Fleur de Sel und Limonensaft abschmecken. Danach nochmals aufmixen.

» WEINEMPFEHLUNG:

2009 Grauer Burgunder trocken
Georg Breuer
Rheingau

Der Grauburgunder verleiht dem Gericht Länge und vereint sich mit dem Hummer zu einem Finale in Perfektion.

www.georg-breuer.com

» PROFITIPP:

Ingwer, Knoblauch sowie Limonenblätter zum Dampfwasser beim Dim Sum legen. So erhält das Dim Sum ein erfrischendes Aroma.

Sebastian Lühr, Küchenchef

SCHWIERIGKEITSGRAD: MITTEL | **ZUBEREITUNGSZEIT:** 1 STUNDE

US-RINDERFILET

BRUNNENKRESSE/ZWIEBEL-SOUBISE/SPECK-POMMES

BRUNNENKRESSECREME: Brunnenkresse blanchieren, in Eiswasser abschrecken. Das noch enthaltene Wasser vollständig auspressen, im Pacojet-Becher einfrieren und 4 Mal pacossieren. Die pacossierte Brunnenkresse mit Béchamelsauce zu einer glatten Creme rühren.

ZWIEBEL-SOUBISE: Die Zwiebeln in sehr feine Brunoises schneiden und in ausgelassener Butter bei 160 °C 5 Stunden im Ofen garen. Die gegarten Zwiebeln absieben und mit Crème fraîche, Speckwürfeln und Schnittlauch vermengen. Mit Salz abschmecken und warm servieren.

PERLZWIEBELN: Die Perlzwiebeln mit allen Zutaten außer dem Zucker zum Köcheln bringen. Sobald die Perlzwiebeln gar sind (etwa 20 Minuten), diese halbieren.

SPECK-POMMES: Die Kartoffelstifte in 140 °C heißem Fett 3 Minuten vorblanchieren, dann je 6 Stifte in Speck mit einem kleinen Basilikumblatt einwickeln und mit einem Zahnstocher fixieren. Im Froster einfrieren.

FERTIGSTELLUNG: Das US-Rinderfilet mit Gewürzsalz würzen und von beiden Seiten in geklärter Butter scharf anbraten. Das Fleisch im Ofen bei 200 °C für 6 Minuten garen (47 °C Kerntemperatur). Das Filet danach ruhen lassen. Die Perlzwiebeln in Puderzucker karamellisieren und die Zwiebel-Soubise warm rühren. Die Speck-Pommes in 180 °C heißem Pflanzenfett knusprig ausbacken, mit Salz würzen.

ANRICHTEN: Die Brunnenkressecreme sowie die Perlzwiebeln mit der Zwiebel-Soubise anrichten. Das Rinderfilet in frischer Nussbutter mit Knoblauch, Rosmarin und Thymian nachbraten. Zusammen mit den Speck-Pommes anrichten und mit Brunnenkresse garnieren. À part wird ein lackiertes Stück US-Short-Rib gereicht, das 72 Stunden im Sous-vide-Verfahren gegart wurde.

FÜR 4 PERSONEN:

US-RINDERFILET:
4 Stk. US-Rinderfilet, à 120 g, pariert und portioniert
Gewürzsalz, Butter, Nussbutter
Knoblauch, Rosmarin, Thymian

BRUNNENKRESSECREME:
Brunnenkresse, gezupft
100 ml Béchamelsauce
Brunnenkresse zur Dekoration

PERLZWIEBELN:
4 Perlzwiebeln, geschält
100 ml Weißwein
100 ml Geflügelbrühe
3 Speckscheiben
2 Rosmarinzweige
1 Knoblauchzehe
1 EL Puderzucker

ZWIEBEL-SOUBISE:
2 Zwiebeln, weiß
300 g Butter
100 g Speckwürfel, geräuchert
1 Bd. Schnittlauch, fein geschnitten
Crème fraîche, Salz

SPECK-POMMES:
3 Kartoffeln, festkochend, geschält und in Stifte geschnitten
Basilikumblätter
3 Speckscheiben, geräuchert
Pflanzenfett

» WEINEMPFEHLUNG:
2011 HATTENHEIMER HASSEL SPÄTBURGUNDER GROSSES GEWÄCHS
Georg-Müller-Stiftung
Rheingau

In kleinen Holzfässern vergoren, umspielen die fruchtige Beerenkomponente sowie die seidigen Tannine den Gaumen.
www.georg-mueller-stiftung.de

» PROFITIPP:
Garen Sie das Fleisch im Ofen auf einer Scheibe Brot, so gart es gleichmäßiger und erhält keinen grauen Rand.
Sebastian Lühr, Küchenchef

SCHWIERIGKEITSGRAD: SCHWER | **ZUBEREITUNGSZEIT:** 2 STUNDEN

KOKOS/MANGO

MARACUJA/JOGHURT

FÜR 4 PERSONEN:

MANGOKERN:
3 Mangos, 80 g Zucker
1 Vanilleschote, Mark
8 Halbkugelsilikonformen, à 3,5 cm

MARACUJAKERN:
12 Maracujas, 60 g Zucker
1 Vanilleschote, Mark, 2 g Xantana
8 Halbkugelsilikonformen, à 3,5 cm

KOKOSMOUSSE:
500 ml Kokosmilch, 125 ml Kokossirup
60 g Zucker, 6 Bl. Gelatine
375 g Sahne, geschlagen
16 Halbkugelsilikonformen, à 5 cm

SCHOKOGLASUR:
100 g Zartbitterschokolade
50 g Kakaobutter, 80 g Kadaifi-Teig

MARACUJAERDE:
5 Maracujas, 125 g Butter
125 g Zucker, 1 Vanilleschote, Mark
125 g Mehl, 125 g Mandelgrieß

JOGHURTESPUMA:
200 ml Sahne, 300 g Joghurt
50 g Zucker, 1 Vanilleschote, Mark
2 Limonen, Saft
Sahnespender, klein, 500 ml

JOGHURTSCHWAMM:
300 g Eiweiß, 100 g Zucker
60 g Mandelgrieß, 50 g Joghurtpulver
20 g Mehl,
Sahnespender, klein, 500 ml

MARACUJASORBET:
550 ml Wasser
250 g Zucker
120 ml Glucosesirup
500 ml Maracujasaft oder -mark

MANGOKERN: Das Fleisch mit dem Zucker und der Vanille pürieren. Das Mark in die kleinen Halbkugelformen füllen und einfrieren.

MARACUJAKERN: Die Maracujas auskratzen und mit dem Zucker, dem Vanillemark und dem Xantana mixen, bis sich eine gebundene Konsistenz gebildet hat. Die Masse in die Halbkugelformen füllen und einfrieren.

KOKOSMOUSSE: Kokosmilch, Kokossirup und den Zucker aufkochen. Die Gelatine im kalten Wasser einweichen und in der heißen Kokosmasse auflösen. Die Masse auf einem Eiswasserbad kalt rühren, bis sie anfängt zu gelieren. Jetzt die Sahne unterheben. Die Masse in die Formen füllen. Die Maracujakerne vorsichtig mittig in die Kokosmousse drücken. Den Vorgang mit den Mangokernen wiederholen und alles mit einer Palette glatt streichen. Die Formen wieder einfrieren.

SCHOKOGLASUR: Schokolade und Kakaobutter schmelzen. Den Kadaifi-Teig klein rupfen und bei 180 °C goldbraun backen. Den Teig auskühlen lassen und zu der Schokolade geben. Die Halbkugeln auslösen und jeweils eine Mango- und eine Maracujaseite zusammendrücken. Die Kugeln dann durch die Schokolade ziehen und auf ein Abtropfgitter stellen. Bei Raumtemperatur auftauen lassen.

MARACUJAERDE: Die Maracujas auskratzen und das Mark im Dehydrator bei 65 °C trocknen. Die weiche Butter mit dem Zucker und der Vanille in der Küchenmaschine schaumig schlagen. Das Mehl und den Mandelgrieß dazugeben und vorsichtig zu Bröseln rühren. Die Brösel bei 150 °C circa 15 Minuten goldbraun backen. Die gut abgekühlten Brösel mit der getrockneten Maracuja im Thermomix fein mixen.

JOGHURTESPUMA: Alle Zutaten gründlich verrühren und in den Sahnespender geben. 2 Gaskapseln auf die Flasche geben und kalt stellen.

JOGHURTSCHWAMM: Eiweiß, Zucker und Mandelgrieß im Thermomix auf höchster Stufe mixen. Die Masse durch ein Sieb streichen. Joghurtpulver und Mehl in die so gewonnene Flüssigkeit einrühren. Die Masse in den Sahnespender geben und 2 Gaskapseln einfüllen. Einen Plastikbecher mit der Masse zur Hälfte füllen und den Becher für 36 Sekunden in der Mikrowelle auf höchster Stufe erhitzen. Den Becher auf einem Gitter umgedreht auskühlen lassen. Vorsichtig den Schwamm aus dem Becher lösen und in kleine Teile rupfen.

MARACUJASORBET: Wasser, Zucker und Glucosesirup aufkochen. Den Saft oder das Mark dazugeben und für 3 Stunden kalt stellen. Die abgekühlte Masse in einer Sorbetiere frieren und lagern.

» WEINEMPFEHLUNG:

2007 KIEDRICH GRÄFENBERG RIESLING AUSLESE
Robert Weil
Rheingau

Das perfekte Spiel von Süße und Säure begleitet das Gericht und unterstreicht den frischen, lebendigen Charakter.

www.weingut-robert-weil.com

» PROFITIPP:

Den fertigen Joghurtsponge 3 Minuten bei 100 °C in den Ofen legen. Dadurch wird er knusprig, behält seine Form und man hat eine schöne knusprige Komponente.

Sebastian Lühr, Küchenchef

IM DENKMALGESCHÜTZTEN UMSPANNWERK ELEKTRISIERT **BERTL SEEBACHER** SEINE GÄSTE UND VERBINDET IN SEINEM **KRAFTWERK** TRADITION UND MODERNE.

DELIKATER WIRBEL WIND

Kosmopolitische Kulinarik und alpenländischer Charme: Bertl Seebacher hat in seinem Restaurant „Kraftwerk" die perfekte Balance zwischen moderner österreichischer Fusionsküche und internationalen Rezepturen gefunden. Der 36-Jährige kam in der Alpenrepublik zur Welt und lernte in seinen Wanderjahren unter anderem bei Hans Haas im Münchener „Tantris", im berühmten „Hangar-7" oder auch bei Alfred Friedrich, dem damaligen Küchenchef im „Marcobrunn" in Eltville. Gemeinsam mit Geschäftspartnerin Daniela Finkes startete er 2008 im „Kraftwerk" und steht seitdem unter permanenter Höchstspannung. Mit seiner Sous Chefin und Lebensgefährtin Stephanie Schüler hat er kompetente Unterstützung am Herd, die es perfekt versteht, sein brodelndes Temperament zu zügeln, um so die Geistesblitze in geordnete Bahnen zu lenken.

VOLLE POWER FÜR DEN GAST

Kraftwerk
Zimmersmühlenweg 2
D-61440 Oberursel
Tel.: +49 (0) 61 71/92 99 82
E-Mail: willkommen@kraftwerkrestaurant.de
www.kraftwerkrestaurant.de

Seitdem die beiden Österreicher Bertl Seebacher und Daniela Finkes das Restaurant im Jahr 2008 übernommen haben, hat sich im denkmalgeschützten einstigen „Kraftwerk“ alles grundlegend verändert. Ruhiger, intimer, kulinarisch noch ambitionierter und somit exklusiver präsentiert sich das extrem stylishe Etablissement vor den Toren Frankfurts. Im Showroom entstand zusätzlich ein Restaurantbereich, atmosphärisch locker inmitten von Oldtimern in einen Loungebereich eingebettet. Und auch das neue Revier von Österreich-Wein-Händler Rico Etzensperger wurde gepimpt: Quasi als „Shop in Shop“ konzipiert, ermöglicht die offene, raumübergreifende Gestaltung der Vinothek über den Showroom bis zum Restaurant das Interagieren aller Besucher und Gäste. Ein besonderer Ort für anspruchsvolle Genießer und magische Momente.

Classica
MOTUL
Agip

SCHWIERIGKEITSGRAD: MITTEL | **ZUBEREITUNGSZEIT:** 1 ½ STUNDEN

MARINIERTER SPARGEL

MIT GEBEIZTEM SEESAIBLING, ZITRUSHOLLANDAISE UND ALPENKRÄUTERN

FÜR 4 PERSONEN:

SPARGEL:
12 Stg. Spargel
Salz
Zucker
Weißbrot, alt

MARINADE:
200 ml Spargelfond, warm
3 EL Weißweinessig
2 EL Olivenöl
Salz
Pfeffer
Zucker

ZITRUSHOLLANDAISE:
50 ml Spargelfond
1 EL Zitronenöl
1 EL Orangenöl
1 Limone, Abrieb und Saft
3 Eigelb
Salz
Pfeffer
Zitronensaft
125 g braune Butter

GEBEIZTER SEESAIBLING:
2 kg Seesaibling
100 g Salz
100 g Zucker
½ EL Wacholderbeeren
1 EL Pfefferkörner, schwarz
2 EL Korianderkörner
2 Zitronen, Abrieb
2 Limonen, Abrieb
1 Orange, Abrieb
1 Bd. Dill
½ Bd. Petersilie

WILDKRÄUTERBLÜTENSALAT:
Wildkräuterblüten
2 EL Spargelmarinade

SPARGEL: Den Spargel schälen und danach in ausreichend Wasser mit Salz, Zucker und altbackenem Weißbrot kochen. Aus dem Wasser nehmen und auf einen Teller legen.

MARINADE: Den Spargelfond mit den restlichen Zutaten verrühren, abschmecken und den Spargel in die noch warme Marinade legen. Auskühlen lassen.

ZITRUSHOLLANDAISE: Die Butter auf dem Herd langsam erhitzen, bis sich die Molke trennt und sie ein feines Nussaroma bekommt, danach absieben. Die restlichen Zutaten mit dem lauwarmen Spargelfond in einen hohen Behälter geben, die warme Butter langsam hinzufügen und mit einem Pürierstab hochziehen. Danach mit Salz und Pfeffer abschmecken.

GEBEIZTER SEESAIBLING: Den Fisch filetieren, die Gräten ziehen, mit kaltem Wasser kurz abspülen und trocken tupfen. Wacholder, Pfefferkörner sowie Korianderkörner fein zerstampfen, mit Salz wie Zucker vermischen und gleichmäßig auf den Fisch verteilen. Zitrusschalen darüberreiben, 2 Drittel der Kräuter zupfen, fein hacken und darübergeben. Dann den Fisch mit der Hautseite nach oben vorsichtig in einen flachen Behälter geben, mit Folie bedecken und 2 bis 3 Tage im Kühlschrank leicht beschwert lagern. Den Fisch nach 3 Tagen herausnehmen, alle Kräuter entfernen, gegebenenfalls kurz abspülen und mit dem restlichen Drittel der Kräuter bestreuen. Leicht andrücken und in feine Scheiben schneiden.

WILDKRÄUTERBLÜTENSALAT: Die Blüten mit ein paar Tropfen der Spargelmarinade beträufeln.

» WEINEMPFEHLUNG:
HEIDELBODEN PINOT BLANC 2012
Anita und Hans Nittnaus
Gols

In der Nase frischer Duft von Zitrus- und Tropenfrüchten, lebhafte Frucht, am Gaumen vollmundig mit schönem Säurespiel, fruchtiger Abgang.
www.nittnaus.at

» PROFITIPP:
Wenn die Zutaten schon ein wenig zu kalt sind, kann man die Hollandaise auf einem Wasserbad nachschlagen, um die Konsistenz zu verbessern.
Bertl Seebacher, Küchenchef

SCHWIERIGKEITSGRAD: MITTEL | **ZUBEREITUNGSZEIT:** 2½ STUNDEN

ROSA LAMMRÜCKEN

MIT BÄRLAUCHNUSSKRUSTE, LETSCHOGEMÜSE UND GEBRATENER POLENTA

LAMMRÜCKEN: Den Lammrücken sauber zuputzen, mit Salz sowie Pfeffer würzen und in einer heißen Pfanne mit Öl von allen Seiten anbraten. Im auf 80 °C vorgeheizten Ofen 15 bis 20 Minuten ruhen lassen. Die Kruste zurechtschneiden und auf das Lamm geben, danach mit der Grillfunktion die Kruste bräunen.

BÄRLAUCHKRUSTE: Die Butter auf Zimmertemperatur erwärmen und schaumig schlagen. Das Eigelb sowie Nussöl langsam hinzugeben und mit Salz, Pfeffer, Zitronensaft und -abrieb sowie der Worcestershiresauce würzen. Vorsichtig fein gehackte Kräuter hinzufügen und danach die Nüsse und Weißbrotbrösel unterheben. Noch einmal abschmecken. Die Masse auf Backpapier etwa 3 bis 5 Millimeter dick aufstreichen und in den Kühlschrank geben.

LETSCHO: Alles waschen. Die Paprika der Länge nach halbieren, entkernen und in Streifen schneiden. Die Tomaten blanchieren, häuten und entkernen. Den Speck und die Zwiebeln fein würfeln, in einer Pfanne anschwitzen. Das Paprikapulver, die Zwiebeln, die Paprika und eine angedrückte Knoblauchzehe zugeben, würzen, etwas Brühe hinzugeben und ein paar Minuten schmoren lassen. Danach die Tomaten hinzufügen, etwa 10 Minuten fertigkochen und nochmals abschmecken.

GEBRATENE POLENTA: Milch und Butter mit Salz und Pfeffer aufkochen, den Grieß einrühren und nochmals aufkochen lassen. Die Polenta einrühren. Bis sich am Topfboden ein Film bildet und die Masse ihren Glanz verliert, abbrennen lassen. Vom Herd nehmen. 1 Esslöffel Parmesan sowie das Eigelb rasch einarbeiten, in eine Form mit Backpapier geben und mit 2 Blatt Backpapier bedecken. Andrücken und für mindestens 6 Stunden in den Kühlschrank stellen. Danach in die gewünschte Form schneiden, auf beiden Seiten anbraten und nochmals für 4 bis 8 Minuten in den Backofen bei 180 °C geben.

FÜR 4 PERSONEN:

LAMMRÜCKEN:
4 Stk. Lammrücken
Salz
Pfeffer
Öl

BÄRLAUCHKRUSTE:
125 g Butter
2 Eigelb
Salz, Pfeffer, Worcestershiresauce
½ Zitrone, Saft und Abrieb
3 EL Kräuter, fein gehackt (Bärlauch, Rosmarin, Thymian, Petersilie)
1 EL Nüsse, gehackt (Haselnüsse, Walnüsse, Mandeln)
1 EL Nussöl
125 g Weißbrotbrösel

LETSCHO:
500 g Paprika, gelb und rot
500 g Tomaten
2 Zwiebeln
30 g Speck, durchwachsen
1 Knoblauchzehe
Salz, Pfeffer, Paprikapulver
100 ml Rinderbrühe

GEBRATENE POLENTA:
600 ml Milch
25 g Butter
80 g Polenta
45 g Grieß
40 g Eigelb
Salz, Pfeffer, Parmesan

» WEINEMPFEHLUNG:
BLAUFRÄNKISCH MORIC 2007
Roland Velich
Großhöflein

Die ausgeprägte Würze der Neckenmarkter Weine und die floralen, erdigen Aromen Lutzmannsburgs sind hier zu großer Struktur und Finesse vereint.

www.moric.at

» PROFITIPP:
Die Polentamasse ordentlich abbrennen. Das kostet zwar ein wenig Kraft, aber es lohnt sich, da sie sonst klebrig wird und schwierig zu schneiden ist.

Bertl Seebacher, Küchenchef

PREMIUM QUALI

SCHWIERIGKEITSGRAD: MITTEL | **ZUBEREITUNGSZEIT:** 3 STUNDEN

„WERKSTÜCK“

MOUSSE VON DER WEISSEN ALPENMILCHSCHOKOLADE MIT RED-BULL-SAUERKIRSCHEN

SCHOKOBODEN: Das Eigelb mit Zucker und Rum über einem Wasserbad schaumig schlagen. Die gesamte Schokolade schmelzen und in die temperierte Eimasse einlaufen lassen. Das Eiweiß mit Zucker zu einem cremigen Eischnee aufschlagen. Auch die Sahne aufschlagen. Die Sahne und das Eiweiß im Wechsel langsam unter die temperierte Schokoladenmasse heben, danach auch etwas Mehl unterheben. Die Masse 2 Zentimeter dick in eine mit Backpapier ausgelegte Backform gießen. Anschließend im vorgeheizten Ofen bei 150 °C für 30 Minuten backen. Wenn der Teig noch etwas knatschig wirkt, ist er perfekt. Herausnehmen und auskühlen lassen.

SAUERKIRSCH-RED-BULL-SCHICHT: Die Kirschen entsteinen und klein hacken. Den Kirschsaft mit dem Red Bull erwärmen und die eingeweichte Gelatine sowie die gehackten Kirschen hinzugeben. Je nach Geschmack mit Zucker verfeinern. Abkühlen lassen und dabei ab und zu umrühren, damit sich die Kirschen nicht absetzen.

WEISSE MOUSSE: Die Schokoladen langsam und vorsichtig schmelzen. Das Eiweiß, das Eigelb, den Amaretto hinzufügen. Die fein geriebene Tonkabohne am besten mit einer Muskatreibe über dem Wasserbad hobeln. Die Gelatine in kaltem Wasser einweichen, ordentlich ausdrücken und in die noch warme Masse mit einrühren. Unbedingt darauf achten, dass keine Klumpen entstehen. Die geschlagene Sahne unterheben und in die vorbereitete Form abfüllen. 12 Stunden durchkühlen lassen, aus der Form nehmen und in die gewünschte Größe schneiden.

ZUSAMMENSETZEN: Eine eckige Kuchenform, optimalerweise 30 x 20 Zentimeter, mit dem ausgekühlten Boden, etwa 1 Zentimeter dick, auslegen. Die leicht angezogene, aber noch nicht ganz feste Red-Bull-Sauerkirsch-Masse 1 Zentimeter dick auf den Kuchen geben und gleichmäßig verteilen. Kalt stellen. Mit der Schokoladenglasurmasse überziehen. Mit dem Schokospray besprühen oder mit etwas Kakao bestreuen.

FÜR 4 PERSONEN:

SCHOKOBODEN:
5 Eigelb
2½ EL Zucker
50 g Zartbitterschokolade
10 g Vollmilchschokolade
1 cl Rum
120 ml Sahne
5 ml Eiweiß
½ EL Zucker
570 g Mehl

SAUERKIRSCH-RED-BULL-SCHICHT:
350 g Sauerkirschen
70 ml Red Bull
100 ml Kirschsaft
5 Bl. Gelatine
Zucker

WEISSE MOUSSE:
200 g Milkaschokolade, weiß
100 g Kuvertüre, weiß
1 Eiweiß
1 Eigelb
1 cl Amaretto
1 Tonkabohne
4 Bl. Gelatine
500 ml Sahne

GARNITUR:
Schokolade zum Überziehen
Schokospray oder Kakao

» WEINEMPFEHLUNG:
BEERENAUSLESE ZWEIGELT 2012
Weinlaubenhof Kracher
Illmitz

Krachers Zweigelt-Beerenauslese erstrahlt in hellem Kirschrot und verwöhnt die Nase mit reifen Erdbeeren und wilder Weichsel.
www.kracher.at

» PROFITIPP:
Damit sich die verschiedenen Schichten gut verbinden, sollte man mit einem kleinen Brenner über die untere kalte Schicht gehen.
Bertl Seebacher, Küchenchef

FUN DINING AT ITS BEST: EXECUTIVE CHEF **MARC SCHULZ** SETZT IM **MAX ON ONE** IM JUMEIRAH FRANKFURT AUF INTERNATIONALE PRODUKTE UND EINE KLARE, FOKUSSIERTE LINIE.

TALENTIERTE FLEISSIGE BIENE

Wie die hoteleigenen Jumeirah Skyline Bees fliegt auch Executive Chef Marc Schulz traumwandlerisch zwischen den Aromen hin und her. Kein Wunder, denn betrachtet man seinen Lebenslauf, kann Schulz dabei unter anderem auch auf die Eröffnung des bekannten „Capella Hotels Schloss Velden" in Österreich oder die Eröffnung des „Capella Hotels Washington DC" in den USA zurückblicken. Sein kulinarischer Ansatz ist daher ein internationaler, wobei er sich stets auf die Basics besinnt, auf die Dinge, die wirklich wichtig sind. Das demonstriert schon ausgesprochen beeindruckend seine Speisekarte: Statt der klassischen Variante auf Papier erhält der Gast nämlich eine Holzplatte, auf die das Angebot eingebrannt ist. Und genau das gelingt ihm auch mit seinen Kreationen: Sie bleiben nachhaltig im Gedächtnis.

Executive

FLAMMENDE **LEIDENSCHAFT FÜR DEN GAST**

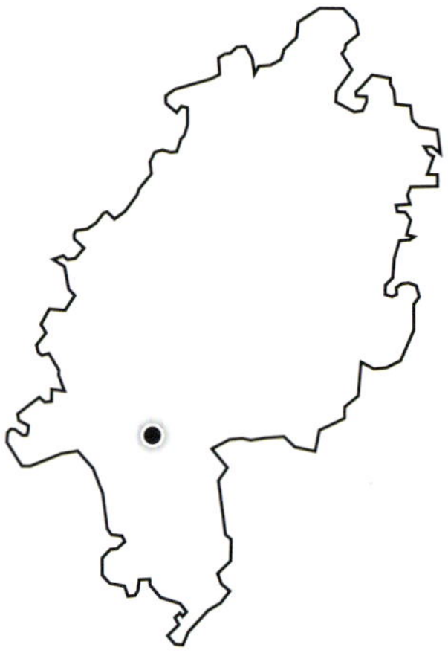

Max on One im Jumeirah Frankfurt
Thurn-und-Taxis-Platz 2
D-60313 Frankfurt am Main
Tel.: +49 (0) 69/297 23 71 98
E-Mail: JFMaxOnOne@jumeirah.com
www.jumeirah.com/Jumeirah-Frankfurt

Verlässt man den Lift im ersten Stock des „Jumeirah Frankfurt“ und betritt das Reich von Küchenchef Marc Schulz, erlebt man gleich beim ersten Blick ins „Max on One“ den absoluten Wow-Effekt: offene Showküche, Private-Dining-Bereich, begehbarer gläserner Weinschrank sowie ein Steakhouse-Front-Grill. Dazu tragen nicht nur die lichtdurchfluteten Räume mit ihren bequemen Sitzmöbeln und der warmen Atmosphäre bei, sondern vor allem das Serviceteam. Unaufdringlich und professionell ist es das Bindeglied zwischen offener Showküche und Gast und erklärt nicht nur die Zubereitung verschiedener Gerichte, sondern auch Hintergründe und Herkunft. Es geht hier nicht um das klassische Verständnis von Fine Dining mit Tafelsilber, Kristallgläsern und Unterhaltungen im Flüsterton, sondern um eine angenehme Entspanntheit.

SCHWIERIGKEITSGRAD: MITTEL | **ZUBEREITUNGSZEIT:** 45 MINUTEN

HUMMER MIT DICKEN BOHNEN

KNOBLAUCH UND FRANKFURTER MÜSLI

DICKE-BOHNEN-PÜREE: Die Kartoffeln schälen und in Salzwasser kochen. Kurz bevor die Kartoffeln fertig sind, 200 Gramm geputzte Dicke Bohnen zugeben und mitkochen lassen. Sobald die Kartoffeln und Bohnen fertiggegart sind, abgießen und mithilfe eines Kartoffelstampfers zu einem feinen Püree stampfen. Mit der warmen Milch, 25 Gramm Butter, Salz, Pfeffer und Bohnenkraut abschmecken.

PÜREE VOM SCHWARZEN KNOBLAUCH: Den schwarzen Knoblauch mit der Geflügelbrühe im Mixer zu einem feinen Püree mixen.

FRANKFURTER MÜSLI: Die Butter schmelzen, mit Honig, Salz und 25 Milliliter Wasser in einer Schüssel mischen. Haferflocken, Kokosflocken, Sesam, Sonnenblumenkerne, Kürbiskerne und die gehackten Mandeln in einer Pfanne ohne Fett hellbraun anrösten, dann sofort warm zur Buttermischung geben und gut vermischen. Die Masse etwas abkühlen lassen und die gehackten Frankfurter Kräuter untermischen. Die gesamte Masse fest in einer Schüssel zusammendrücken und kalt werden lassen, sodass sich die typischen Müsliklumpen bilden.

ANRICHTEN: Den gekochten und ausgebrochenen Hummer in 100 Gramm geschmolzener Butter vorsichtig erhitzen. Mit Salz, Pfeffer und Zitronensaft abschmecken. Die zurückgehaltenen 50 Gramm Dicke Bohnen in etwas Butter erhitzen und abschmecken. Das Dicke-Bohnen-Püree mit einem Löffel auf den Teller streichen, die ganzen Dicken Bohnen auf das Püree geben. Den warmen Hummer in die Mitte des Tellers auf das Püree und die Bohnen setzen. Kleine Punkte mit dem Knoblauchpüree um den Hummer setzen und je einen Esslöffel Frankfurter Müsli drüberstreuen. Mit frischem Kerbel ausgarnieren.

FÜR 4 PERSONEN:

HUMMER:
2 Stk. Hummer, gekocht, à 500 g
100 g Butter
Salz, Pfeffer, Zitronensaft

DICKE-BOHNEN-PÜREE:
250 g Dicke Bohnen, geputzt
150 g Kartoffeln, mehlig kochend
100 ml Milch, warm
25 g Butter
Salz, Pfeffer
Bohnenkraut

PÜREE VOM SCHWARZEN KNOBLAUCH:
50 g Knoblauch, schwarz
30 ml Geflügelbrühe

FRANKFURTER MÜSLI:
50 g Butter
75 g Honig
½ TL Salz
75 g Haferflocken, blütenzart
75 g Haferflocken, kernig
25 g Kokosflocken
25 g Sesamsaat, geschält
30 g Sonnenblumenkerne
25 g Kürbiskerne
25 g Mandeln, gehackt
50 g Frankfurter Kräuter, gehackt
25 ml Wasser, Kerbel

» WEINEMPFEHLUNG:

KESSELER SCHLOSSBERG 1999 RIESLING
Weingut August Kesseler
Rüdesheim-Assmannshausen
Rheingau

Dezente Petrolaromen, sehr reife exotische Früchte, Apfelkompott, erinnert an Beeren, Mineralik noch spürbar, im Nachhall etwas Nüsse.

www.august-kesseler.de

» PROFITIPP:

Den Hummer beim Erwärmen in der Butter nicht zu heiß werden lassen! Sonst bekommt er eine Konsistenz wie ein Radiergummi und wird ungenießbar.

Marc Schulz, Küchenchef

SCHWIERIGKEITSGRAD: LEICHT | **ZUBEREITUNGSZEIT:** 30 MINUTEN

LACHS IM BIENENWACHS

GEGART MIT AVOCADOCREME UND GURKENRELISH

LACHS: Das Bienenwachs in einem Topf mithilfe eines Thermometers auf 76 °C erhitzen. Den mit Salz und Pfeffer gewürzten Lachs in eine mit Backpapier ausgelegte Auflaufform legen und mit dem heißen Bienenwachs übergießen. Nun den überzogenen Lachs bei Zimmertemperatur auskühlen lassen. Nachdem das Bienenwachs fest geworden ist, den gegarten Lachs so vorsichtig aus dem Wachs brechen, dass kein Wachs mehr am Lachs haftet.

AVOCADOCREME: Die Avocado der Länge nach bis zum Kern einschneiden und auseinanderdrehen. Den Kern entfernen und das Fruchtfleisch mithilfe eines Löffels aus der Schale in eine Schüssel kratzen. Die Crème fraîche und den Zitronensaft beigeben und mit dem Mixstab fein pürieren. Mit Salz und Pfeffer abschmecken.

GURKENRELISH: Die Gurke schälen, längs vierteln und den Kern herausschneiden. Die geschälte, kernlose Gurke in feine Würfel schneiden. Die Zwiebelwürfel, Gurkenwürfel, gehackten Koriander und Ahornsirup in einer Schüssel gut verrühren und mit Salz, weißem Pfeffer und Limettensaft abschmecken. Bis zum Anrichten, jedoch mindestens 2 Stunden, kühl stellen.

ANRICHTEN: Den Lachs kurz im Ofen bei 75 °C leicht erwärmen. Das Gurkenrelish mithilfe eines Rings auf den Teller geben. Die Avocadocreme mit einem Löffel neben das Relish streichen. Den lauwarmen Lachs in die Mitte setzen und mit einer Nocke Lachskaviar und Kresse ausgarnieren.

FÜR 4 PERSONEN:

LACHS:
4 Stk. Lachs, à 90 g
200 g Bio-Bienenwachs
4 TL Lachskaviar
Kresse
Salz, Pfeffer

AVOCADOCREME:
1 Avocado, reif, aber noch grün
75 g Crème fraîche
1 TL Zitronensaft
Salz, Pfeffer

GURKENRELISH:
1 Salatgurke
1 Zwiebel, rot, in feinen Würfeln
3 EL Koriandergrün
2 Limetten, Saft
½ TL Ahornsirup
Salz
Pfeffer, weiß

» WEINEMPFEHLUNG:
SPREITZER CHARTA RIESLING 2010
Josef Spreitzer
Oestrich-Winkel
Rheingau

Zitrische Aromen, erinnert an Grapefruit, dezente Aromen reifen Pfirsichs, schlank und animierend am Gaumen.
www.weingut-spreitzer.de

» PROFITIPP:
Sollten Sie keinen Lachs in bester Qualität bekommen, können Sie auch frische Forelle verwenden.
Marc Schulz, Küchenchef

SCHWIERIGKEITSGRAD: MITTEL | **ZUBEREITUNGSZEIT:** 1 STUNDE

„MÄUSESPECK“
MIT BLUTORANGE, MAIS UND POPCORN

FÜR 4 PERSONEN:

MAIS-EIS:
120 ml Milch
120 ml Sahne
25 g Zucker
75 g Maiskörner, süß
20 ml Glucosesirup
1 Prise Salz
40 g Eigelb (etwa zwei Stück)

BLUTORANGEN-MARSHMALLOW:
60 ml Blutorangensaft
150 g Zucker
70 ml Wasser
7 Bl. Gelatine
30 g Eiweiß (etwa 1 Stück)

CARAMELIA-MOUSSE:
50 g Vollei (1 ganzes Ei)
120 g Valrhona-Caramelia-Kuvertüre
2 Bl. Gelatine
150 ml Sahne
1 Prise Salz
1 Prise Zucker

BLUTORANGENSUD:
180 ml Blutorangensaft
1 Bl. Gelatine
20 g Zucker
½ Vanillestange

KARAMELLPOPCORN:
30 g Popcorn-Mais
30 g Zucker
20 g Butter

MAIS-EIS: Milch, Sahne, Zucker und Glucosesirup mit Salz und Mais aufkochen und fein pürieren. Die Maisschalen abpassieren und nochmals aufkochen. Mit dem Eigelb angleichen und zur Rose abziehen. Auf Eis kalt rühren und in der Eismaschine frieren.

BLUTORANGEN-MARSHMALLOW: Die Gelatine in kaltem Wasser einweichen, den Blutorangensaft erwärmen und die Gelatine darin auflösen. Das Eiweiß mit der Küchenmaschine aufschlagen. Den Zucker mit dem Wasser zu einem Sirup auf eine Temperatur von 117 °C kochen. Den Blutorangensaft in den heißen Zuckersirup geben und direkt nach und nach in das Eiweiß schlagen. Schnell mit einer feuchten Palette auf ein mit Backpapier belegtes Blech streichen und kalt stellen.

CARAMELIA-MOUSSE: Die Gelatine in kaltem Wasser einweichen und die Sahne in der Küchenmaschine steif schlagen. Die Schokolade vorsichtig über dem Wasserbad schmelzen. Das Ei mit dem Zucker und dem Salz über dem Wasserbad aufschlagen und die eingeweichte Gelatine unterrühren. Vorsichtig die warme Schokolade unter die Eimasse rühren. Sobald alles gut vermischt ist, die geschlagene Sahne mithilfe eines Teigschabers vorsichtig unterheben. Die Mousse in einen Spritzbeutel füllen und kalt stellen.

BLUTORANGENSUD: Die Gelatine in kaltem Wasser einweichen und einen kleinen Teil vom Blutorangensaft mit dem Zucker erwärmen. Die Vanillestange längs aufschneiden und das Mark auskratzen. In den warmen Saft geben und die Gelatine darin auflösen. Den restlichen Saft unterrühren und kalt stellen.

KARAMELLPOPCORN: Den Popcorn-Mais in einer mikrowellengeeigneten Schale mit Deckel auf höchster Stufe in die Mikrowelle stellen. In einem Topf den Zucker karamellisieren. Wenn der Zucker braun wird, den Topf vom Herd ziehen und die Butter darin schmelzen. Das Popcorn beigeben und mit einem Holzlöffel verrühren, bis es gleichmäßig vom Karamell überzogen ist.

ANRICHTEN: Das Marshmallow mit einem feuchten, scharfen Messer in Stäbe oder Blöcke schneiden. Auf einen tiefen Teller ein paar Marshmallow-Stücke legen und etwas Caramelia-Mousse dazwischenspritzen. Den kalten, leicht gelierten Blutorangensud rundherum verteilen. Kleine Caramelia-Crumble-Stücke auf der Mousse verteilen und eine Nocke Mais-Eis daraufsetzen. Als Deko etwas Karamellpopcorn auf die Nocke geben.

» WEINEMPFEHLUNG:
ZIEGLER KIRCHENSTÜCK BA 2008
Weingut August Ziegler
Maikammer
Pfalz

Fruchtkompott, Maracuja, Mostapfel und süßer Pfirsich, gute Säure, die die Süße in Balance hält.
www.august-ziegler.de

» PROFITIPP:
Sollten Sie keine Blutorangen bekommen, funktioniert das Rezept natürlich auch mit herkömmlichen Orangen oder Mandarinen.
Marc Schulz, Küchenchef

FRANZÖSISCHE PRODUKTKÜCHE AT ITS BEST: IM **MON AMIE MAXI** ZEIGT KÜCHENCHEF **FRANK MÖBES**, DASS GROSSE GERICHTE KEIN CHICHI BRAUCHEN.

CHARMANTER GAUMEN SCHMEICHLER

Effekthascherei ist für Frank Möbes ein Fremdwort. Genauso wie Hektik. Der sympathische Koch strahlt einfach in jedem Augenblick die nötige Ruhe aus, um einem stylishen Haus wie dem „Mon Amie Maxi" das letzte Quäntchen Glanz zu verleihen. Zudem schafft er es wie kaum ein anderer, die konsequente Philosophie einer Brasserie auf die Teller zu bringen. Jeden Tag in kompromissloser Qualität. Das Rüstzeug für diesen hohen Level holte er sich etwa in Weimar im Hotel „Elephant" als Commis de Cuisine, in der „Kameha Suite" in Frankfurt oder im „Tigerpalast" als Sous Chef. Im „Mon Amie Maxi" ist er nun angekommen, wie er selbst meint. Was keinen Stillstand bedeuten soll: „Natürlich habe ich noch viele Ideen, die ich gerne umsetzen möchte. Wir sind schon auf einem sehr guten Niveau, werden aber nie aufhören, an uns zu arbeiten."

TÊTE-À-TÊTE MIT FRANKFURTS PIONIEREN

Mon Amie Maxi
Bockenheimer Landstraße 31
D-60325 Frankfurt am Main
Tel.: +49 (0) 69/71 40 21 21
E-Mail: info@mook-group.de
www.monamiemaxi.de

Wieselflink schwirren die sympathischen Kellner in Deutschlands stilvollster Brasserie von Tisch zu Tisch und verbreiten so die herrlichen Düfte aus der offenen Showküche von Frank Möbes. Und immer wieder stellt man sich heimlich die Frage: Wo findet man eigentlich in Paris eine Brasserie wie das „Mon Amie Maxi"? Ausnahmegastronom Christian Mook und sein Wingman Feres Ladjimi haben es mit ihrer Brasserie wieder einmal geschafft, besser als das Original zu sein. Hier bekommt man, was auch Pariser mögen: Platten mit frischen Meeresfrüchten, ein halbes Dutzend Austern „fines de claire" oder herzhafte Fleischspezialitäten wie Steak tartare und Bœuf bourguignon. Selbst gratiniertes Knochenmark steht auf der Speisekarte. Hier passt einfach alles bis ins kleinste Detail. Chapeau!

Frank Möbes

SCHWIERIGKEITSGRAD: MITTEL | **ZUBEREITUNGSZEIT:** 2 STUNDEN

BRANDADE DE MORUE

FÜR 4 PERSONEN:

BRANDADE DE MORUE:
200 g Stockfisch
280 g Kartoffeln, mehlig
60 g Butter
1 l Sahne
1 Knoblauchzehe
1 TL Kapern
2 Lorbeerblätter
1 Bio-Zitrone, Schale
2 cl Weißwein
1 Zwiebel
Salz, Pfeffer, Muskatnuss, Öl

TEIG:
100 g Mehl
80 g Bier
5 g Hefe

SAUCE TARTARE:
2 Eigelb
1 EL Senf
1 cl Champagneressig
120 ml Traubenkernöl
1 Bio-Ei, gekocht
1 TL Dill, gehackt
1 TL Schnittlauch, gehackt
1 TL Gewürzgurken, klein gewürfelt
1 TL Kapern, klein gewürfelt
1 Zitrone, Salz, Zucker

» WEINEMPFEHLUNG:
COULÉE DE SERRANT 2010
Nicolas Joly
Savennières

Der Duft nach frischen Wiesenblumen und Kamille spiegelt sich am Gaumen wider.
www.franzoesische-edelweine.de

» PROFITIPP:
Für den Bierteig am besten einen Mixstab verwenden, so verkleistert die Stärke im Mehl richtig und der Teig wird superknusprig.
Frank Möbes, Küchenchef

BRANDADE DE MORUE: Den Stockfisch wässern und filetieren. Die Kartoffeln, die Zwiebel und den Knoblauch würfeln. In Butter anschwitzen, mit Wein ablöschen und dann Sahne, Kapern, Gewürze sowie Zitronenschale dazugeben. 1 Stunde köcheln lassen. Fein pürieren und kalt stellen, bis die Masse gefestigt ist. Daraus 3 Zentimeter große Kugeln formen.

TEIG: Aus Mehl, Bier und Hefe einen Teig erstellen. Am besten mixen!

SAUCE TARTARE: Aus Eigelb, Senf, Essig, Zitronensaft, Salz, etwas Zucker und Öl eine Mayonnaise herstellen. Mit den gehackten Zutaten mischen.

FERTIGSTELLUNG: Die Brandade-Bällchen durch den Teig ziehen und in ausreichend Öl goldgelb backen. Mit der Sauce tartare und etwas Zitrone servieren.

SCHWIERIGKEITSGRAD: LEICHT | **ZUBEREITUNGSZEIT:** 1 STUNDE

KNOCHENMARK „STRINDBERG"

ZUBEREITUNG: Das Mark aus den Knochen lösen und 12 Stunden im Eiswasser wässern. Die Knochen 4 bis 5 Stunden abkochen und von Fleischresten säubern. Eine Zwiebel in Brunoises schneiden. Die andere Zwiebel mit dem Gemüsehobel in 2 Millimeter dicke Ringe schneiden. Die Ringe mit Mehl bestäuben. Im Öl kross backen und salzen. Warm halten. Die Zwiebelwürfel sowie Knoblauchwürfel in einer Pfanne mit etwas Öl goldgelb rösten, mit Essig ablöschen, pfeffern, das Knochenmark mit dem Dijonsenf und Lorbeer dazugeben und kurz anschwitzen. Diese Masse in die sauberen Knochen füllen und im Ofen kurz gratinieren. Mit Schnittlauch, Zwiebelringen und geröstetem Baguette anrichten. Am besten auf grobes Meersalz setzen, damit alles gerade steht.

FÜR 4 PERSONEN:

ZUTATEN:
4 Markknochen, halbiert, längs gesägt
2 Zwiebeln, weiß
1 Knoblauchzehe
2 Lorbeerblätter
4 EL Dijonsenf, grob
1 TL Champagneressig
1 EL Schnittlauch, fein geschnitten
Öl zum Frittieren
Mehl
Baguette
Meersalz, grob
Pfeffer, Salz

» WEINEMPFEHLUNG:
GEWÜRZTRAMINER VIEILLE VIGNE BRAND GRAND CRU 2005
Albert Boxler
Elsass

Zu den klassischen Aromen von reifer Butterbirne, Nektarine, frischen Rosenblättern gesellen sich Litschi, Mangostane, Curuba und Jackfrucht.
www.weinhandel-fertsch.de

» PROFITIPP:
Vorsicht: Im Mark sind manchmal dünne Knochenfäden. Es besteht Verletzungsgefahr wie bei Fischgräten!
Frank Möbes, Küchenchef

SCHWIERIGKEITSGRAD: MITTEL | **ZUBEREITUNGSZEIT:** 45 MINUTEN

KABELJAUFILET

COUSCOUS MOGHRABIEH
MERGUEZ

ZUBEREITUNG: Karotten, Tomaten, Knoblauch, Schalotten und Sellerie in Olivenöl anschwitzen. Couscous dazugeben. Mit Tomatensaft ablöschen und mit Lammfond aufgießen. Reduzieren, bis der Couscous weich und cremig ist, wenn nötig etwas Wasser zugeben. Mit Salz und Piment d'Espelette abschmecken. Mit Minze, Comte-Käse und Petersilie fertigstellen. Die Merguez anbraten. Das Kabeljaufilet würzen, goldgelb in der Pfanne braten und mit etwas Olivenöl verfeinern.

ANRICHTEN: Den Couscous auf der Tellermitte platzieren, das Fischfilet darauflegen. Die Merguez in Scheiben schneiden und über das Fischfilet legen.

FÜR 4 PERSONEN:

ZUTATEN:
4 Kabeljaufilets, à 200 g
250 g Couscous Moghrabieh
2 Knoblauchzehen, fein gewürfelt
2 Schalotten, fein gewürfelt
1 Karotte, fein gewürfelt
1 Stg. Staudensellerie, fein gewürfelt
1 TL Minze, gehackt
1 TL Petersilie, gehackt
4 Merguez
50 g Comte-Käse, gerieben
400 ml Lammfond
2 Tomaten (Concassées)
60 ml Tomatensaft
Olivenöl, Salz, Pfeffer
Piment d'Espelette

» WEINEMPFEHLUNG:

SKULLBULL GRAUBURGUNDER 2012
Jochen Dreissigacker
Bechtheim

Wahre Wein-Aficionados entdecken im honiggelben Ambrosia sofort Nuancen von reifen Zwergpomeranzen, Tannennadeln und fruchtiger Papaya.

www.e-steakhouse.de | www.dreissigacker-wein.de

» PROFITIPP:

Fischfilets 25 bis 30 Minuten vor dem Braten bei Raumtemperatur temperieren lassen.
Frank Möbes, Küchenchef

„LET ME ENTERTAIN YOU" LAUTET DAS MOTTO IN DER **KAMEHA SUITE** UND SCHEINBAR MÜHELOS ROCKT SICH **MARCIN SZCZEPANCZYK** IM **NEXT LEVEL** VON EINEM HIGHLIGHT ZUM NÄCHSTEN.

ALLES GUTE KOMMT VON OBEN

Umgeben von schier unendlich in den Himmel ragenden Banktürmen hat sich auch Marcin Szczepanczyk in den Frankfurter Gourmethimmel gekocht. Der gebürtige Pole versetzt dabei nicht nur Frankfurts Partyjünger in der extrem stylishen Eventlocation „Kameha Suite" regelmäßig in Extase, sondern weiß auch in seinem Restaurant „Next Level" kosmopolitische Gourmets gekonnt um den Finger zu wickeln. Und dabei zeigt sich der talentierte Koch ungemein vielseitig: Ob schneller Lunch oder Fine Dining am Abend, die „Kameha Suite" ist allen Ansprüchen stets gewachsen. Experimentierfreude steht bei Szczepanczyk dabei auf der Tagesordnung, denn die oberste Prämisse für das Ausnahmetalent ist es, stets eine lebendige Küche zu gewährleisten. Niveau, Stil und viel Kreativität machen seine Gerichte zu echten Dauerbrennern.

AUSGEFALLEN
STYLISHER FOODTEMPEL

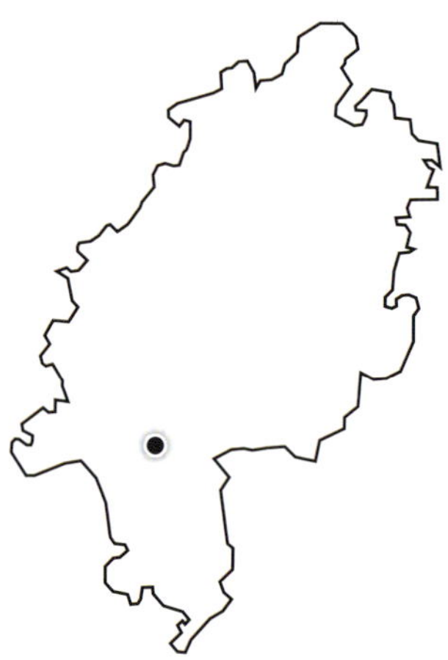

Next Level in der Kameha Suite Frankfurt
Taunusanlage 20
D-60325 Frankfurt am Main
Tel.: +49 (0) 69/48 00 37 66
E-Mail: frankfurt@kamehasuite.de
www.kamehasuite.de

Betritt man die „Kameha Suite" in Frankfurts Taunusanlage, wird man gleich von der klassisch-puristischen Eleganz dieser Location vereinnahmt. Die einstige herrschaftliche Sandsteinvilla ist eine Mischung aus imposanter neoklassizistischer Architektur, internationaler Barkultur, hochkarätigen kulinarischen Genüssen und edlem Ambiente. Das perfekte Set-up also, um die grandiose Küche von Marcin Szczepanczyk ins rechte Licht zu rücken. Zur Vollendung bringt dieses außergewöhnliche Erlebnis natürlich das herzliche Serviceteam rund um F&B-Managerin Ricarda Thiele. Mitarbeiter, die mit Leidenschaft, Professionalität und einem Lächeln unvergessliche Momente schaffen. Kurz: Erstklassige Gastronomie, internationale Barkultur und edles Ambiente zeichnen diesen grandiosen Business- und Lifestyle-Treffpunkt in Frankfurt aus.

BISKUIT: Mehl in einer Pfanne leicht anrösten und durchsieben, alle Zutaten mit einem Stabmixer vermengen. Mit Maldon-Salz abschmecken und durch ein feines Sieb geben. In eine iSi-Flasche füllen und mit 2 Patronen laden. Die Masse in einen Pappbecher zu 2 Dritteln füllen und 40 Sekunden in der Mikrowelle backen, anschließend auskühlen lassen und in grobe Stücke zupfen.

EINGELEGTE TOMATE: Tomaten blanchieren und die Haut abziehen, Tomatenfond aufkochen, mit Salz, Zucker und Chardonnay-Essig abschmecken. Ein Lorbeerblatt zugeben. Die Kirschtomaten in ein Weckglas geben, mit dem abgeschmeckten Fond aufgießen und 2 bis 3 Tage kalt stellen.

TOMATENGELEE-HALBKUGELN: Den Tomatenfond mit der Veggie-Gelatine aufkochen und in die Halbkugeln abfüllen, auskühlen lassen.

TOMATENPÜREE: Tomaten mit Frischkäse und Kapern pürieren. Mit Salz, Pfeffer, Zucker, Tabasco und Zitronensaft abschmecken.

FETAKÄSECREME: Alles zusammen zu einer glatten Creme mixen und mit Salz und Pfeffer abschmecken.

ROTSCHALENGARNELEN: Die Rotschalengarnelen von der Schale befreien, vorsichtig den Darm mit einer Pinzette entfernen und in Olivenöl bei leichter Hitze mit Rosmarin und der zerdrückten Knoblauchzehe glasig braten. Von der Hitze nehmen und kurz ruhen lassen. Mit Salz und Limettenabrieb würzen.

BASILIKUMEIS: Sahne, Tomatenfond, Eigelb, Glucose und Stabilisator auf 82 °C erhitzen. Mit Salz, Zucker, Essig und Tabasco abschmecken und abkühlen lassen, mit dem Basilikum kurz durchmixen und in einen Pacojet-Becher abfüllen. Über Nacht gefrieren lassen und pacossieren.

BASILIKUMÖL: Öl und Basilikum mixen und in einem feinmaschigen Sieb abtropfen lassen.

GURKENRÖLLCHEN: Die Gurke mit einem Sparschäler schälen und in lange, 2 Millimeter dünne Scheiben schneiden. Mit Salz, Pfeffer und Essig würzen und zusammenrollen.

FETAKÄSEWÜRFEL UND OLIVEN: Den Fetakäse in grobe Würfel schneiden und die Kalamata-Oliven mit Olivenöl, Salz und Zitronensaft würzen.

SCHWIERIGKEITSGRAD: MITTEL | **ZUBEREITUNGSZEIT:** 2 STUNDEN

BAUERNSALAT

ROTSCHALENGARNELE, BASILIKUM, TOMATE, GURKE, FETAKÄSE

FÜR 4 PERSONEN:

BISKUIT:
125 g Nussbutter, 125 ml Milch
225 g Eiweiß, 160 g Eigelb
75 g Mehl, Maldonmeersalz

EINGELEGTE TOMATE:
8 Kirschtomaten, 200 ml Tomatenfond
Chardonnay-Essig, Zucker
Maldonmeersalz, Lorbeerblatt

TOMATENGELEE-HALBKUGELN:
200 ml Tomatenfond, 10 g Veggie-Gelatine

TOMATENPÜREE:
150 g Tomaten, sonnengetrocknet
100 g Frischkäse, Maldonmeersalz
Pfeffer aus der Mühle, Tabasco
Zitronensaft, Zucker, 1 EL Kapern

FETAKÄSECREME:
100 g Fetakäse, Salz, Pfeffer, Olivenöl
Basilikum, Sahne

ROTSCHALENGARNELEN:
8 Rotschalengarnelen, 1 Rosmarinzweig
1 Knoblauchzehe, Olivenöl, Salz
Limettenabrieb

BASILIKUMEIS:
250 ml Sahne, 250 ml Tomatenfond
120 g Eigelb, 1 Bd. Basilikum
3 g Stabilisator 2000
15 g Trockenglucose, Zucker, Tabasco
Maldon-Meersalz, Chardonnay-Essig

BASILIKUMÖL:
1 Bd. Basilikum, 150 ml Öl

GURKENRÖLLCHEN:
1 Gurke, Essig, Salz, Pfeffer

FETAKÄSEWÜRFEL UND OLIVEN:
Fetakäse und Kalamata-Oliven, je 150 g
Olivenöl, Salz, Zitronensaft

» WEINEMPFEHLUNG:
MÜLLER-THURGAU „HASENNEST"
DAMASZENER STAHL 2012
Winzerhof Stahl
Auerhofen, Franken

Leicht muskatiges Bukett. Weich mit frischer, blumiger Fruchtigkeit. Ausgeprägte Mineralität.
www.winzerhof-stahl.de

» PROFITIPP:
Veggie-Gelatine rasch verarbeiten, da sie schon bei 60 °C anfängt zu stocken.
Marcin Szczepanczyk, Küchenchef

SCHWIERIGKEITSGRAD: MITTEL | **ZUBEREITUNGSZEIT:** 2½ STUNDEN

IBÉRICOSCHWEIN – BACKE UND RÜCKEN

MAIS, GEGRILLTES GEMÜSE, PIMENTÓN

FÜR 4 PERSONEN:

GESCHMORTE BACKE:
4 Ibérico-Backen, 6 Schalotten
100 g Knollensellerie
100 g Karotten, 100 g Lauch
2 Knoblauchzehen
Piment, Wacholder, Lorbeerblatt, Salz
Zucker, Pfeffer aus der Mühle, Pimentón
1 l Hühnerfond, 300 ml Rotwein
100 ml Portwein, rot
P.X.-Essig, 25 Jahre alt
2 EL Tomatenmark, Öl

RÜCKEN SOUS-VIDE:
4 Stk. vom Ibéricorücken, à 120 g
2 Rosmarinzweige
80 g Nussbutter
Olivenöl, Kräuter
1 Knoblauchzehe, zerdrückt
Maldon-Meersalz, Pfeffer aus der Mühle

MAISPÜREE:
400 g Zuckermais, tiefgekühlt
2 Schalotten, fein gewürfelt
200 ml Hühnerfond
3 g Agar-Agar
Salz, Pfeffer, Zucker, Liquid Smoke
Weißweinessig, Öl

GEGRILLTES GEMÜSE:
4 Mini-Karotten, 4 Mini-Maiskolben
4 Stk. Frühlingslauch, Salz, Pfeffer
20 g Butter, Gemüsefond

TEMPURA:
1 Aubergine, groß
Baharat (Ingo Holland)
60 g Tempuramehl
100 ml Wasser
50 g Parmesan, gerieben
Mehl, Salz

GESCHMORTE BACKE: Die Ibérico-Backen mit Salz und Pfeffer würzen und in Öl anbraten. Das Gemüse klein würfeln und den Lauch separat aufbewahren. Das Gemüse ohne Lauch anrösten, Tomatenmark hinzufügen und weiter anrösten. Mit Rotwein und Portwein mehrmals ablöschen und weiter anrösten, mit Hühnerfond aufgießen, Lauch, Gewürze und die Backen hinzufügen. Bei 140 °C schmoren. Die Backen entnehmen und die Sauce passieren und reduzieren lassen. Anschließend mit Salz, Pfeffer, Zucker, Pimentón und P.X.-Essig abschmecken.

RÜCKEN SOUS-VIDE: Die Ibérico-Rückenstücke mit der Nussbutter vakuumieren und 10 Minuten bei 65 °C im Wasserbad garen. Herausnehmen und im Holdomaten 5 Minuten ziehen lassen. Anschließend herausnehmen und in Olivenöl, Knoblauch, Rosmarin und Kräutern nachbraten, mit Salz und Pfeffer würzen und der Länge nach aufschneiden.

MAISPÜREE: Mais mit den Schalotten in etwas Öl anschwitzen, mit Hühnerfond aufgießen und pürieren. Kalt werden lassen, Agar-Agar hinzufügen und im Thermomix auf 100 °C aufkochen. Anschließend auf ein Blech gießen und kalt werden lassen, bis das Agar-Agar fest geworden ist. Im kalten Zustand pürieren, mit Salz, Zucker, Essig und Liquid Smoke abschmecken und durch ein Sieb streichen.

GEGRILLTES GEMÜSE: Karotten, Maiskölbchen, Frühlingslauch blanchieren und anschließend in einer Grillpfanne von einer Seite anbraten. Mit Gemüsefond und Butter eine Reduktion in einem Stieltopf herstellen. Mit Salz und Pfeffer abschmecken und das Gemüse damit glacieren.

TEMPURA: Aubergine in große Würfel schneiden und anschließend salzen. Von jeder Seite angrillen, mit Baharat würzen und mit Mehl bestäuben. Durch den Tempurateig ziehen und knusprig frittieren.

» WEINEMPFEHLUNG:
EPIQUS 2012
Pais de Quercus
Ribera del Guadiana
Spanien

Fleischige Frucht von roten Beeren gepaart mit dezenten Röstaromen und gut eingebundenem Tannin.
www.dreyer-weine.de

» PROFITIPP:
Sous-vide-garen kann man auch in einem Topf und mit einem Thermometer.
Marcin Szczepanczyk, Küchenchef

SCHWIERIGKEITSGRAD: MITTEL | **ZUBEREITUNGSZEIT:** 1½ STUNDEN

RHABARBER

ERDBEERE, TOPFEN, HOLUNDER, LIMETTE

RHABARBER: Den Rhabarber schälen und in gleichmäßige Würfel schneiden. Zusammen mit dem Rhabarbersaft, Läuterzucker, Thai-Basilikum und einer geviertelten Limette im Beutel vakuumieren und bei 65 °C 15 Minuten sous-vide-garen.

ERDBEERHOLUNDERSORBET: Bis auf das Sorbitol alles im Thermomix auf 100 °C aufkochen. Leicht abkühlen lassen, Sorbitol hinzufügen und kurz durchrühren. In Pacojet-Dosen abfüllen und über Nacht gefrieren lassen, anschließend pacossieren.

RHABARBERPÜREE: Alles kalt vermischen und auf 100 °C im Thermomix erhitzen. Kalt werden lassen und pürieren.

RHABARBERGELEE: Die Gelatine im kalten Wasser einweichen, den Rhabarbersud mit Agar-Agar aufkochen und die Gelatine dazugeben. Verrühren, in eine kleine Kastenform gießen und auskühlen lassen. Anschließend mit einem kleinen runden Ausstecher ausstechen.

LIMONENBAISER: Das Eiweiß anschlagen, den Zucker dazugeben und weiterschlagen, bis die Masse fest ist. Den Limettenabrieb dazugeben und verrühren. Die Masse in einen Spritzbeutel geben und kleine Tupfer auf eine Backmatte spritzen. Bei 60 °C über Nacht trocknen lassen.

TOPFENKNÖDEL: Den Quark über Nacht in einem Tuch abhängen lassen. Das Ei mit Zucker verrühren, bis sich der Zucker aufgelöst hat. Quark, Ei-Zucker-Masse, Semmelbrösel, Grieß, Öl und den Abrieb zu einer Masse verrühren. Für eine Stunde kalt stellen. Kleine runde Knödel formen und in kochendem Wasser gar ziehen lassen. Butter in einem Topf auslassen, Semmelbrösel dazugeben. Die Knödel anschließend darin wälzen.

FÜR 4 PERSONEN:

RHABARBER:
8 Stg. Rhabarber
1 Limette
½ Bd. Thai-Basilikum
200 ml Rhabarbersaft
150 ml Läuterzucker

ERDBEERHOLUNDERSORBET:
500 g Erdbeerpüree
125 ml Erdbeersaft, 150 g Zucker
15 g Trockenglucose, 1 g Lotta
3 g Sorbitol, Holunderblütensirup
1 Limette, Saft

RHABARBERPÜREE:
200 ml Rhabarbersaft
100 ml Läuterzucker
1 Limette, Saft
3 g Agar-Agar

RHABARBERGELEE:
300 ml Rhabarbersud vom Sous-vide-Rhabarber
2 g Agar-Agar, 2 Bl. Gelatine

LIMONENBAISER:
2 Eiweiß, 60 g Zucker
2 Limetten, Abrieb

TOPFENKNÖDEL:
250 g Quark, 1 Ei
2 EL Semmelbrösel
2 EL Grieß, 2 EL Öl
50 g Zucker
½ Limette, Abrieb
½ Orange, Abrieb
100 g Semmelbrösel
Butter

» WEINEMPFEHLUNG:
WEHLENER SONNENUHR RIESLING SPÄTLESE 2002 „VINTAGE COLLECTION"
Weingut Wegeler
Bernkastel, Mosel

Strohgelb. Vielschichtige Nase von gelben und grünen Früchten. Harmonisch schlank, frische Säure und schöne Länge.
www.wegeler.com

» PROFITIPP:
Beim Sorbet hebt Limettensaft den Eigengeschmack und gibt mehr Frische.
Marcin Szczepanczyk, Küchenchef

UNTERIRDISCHER HIMMELSKÖRPER: GLEISSEND HELL ERSTRAHLT DIE KÜCHE VON STERNEKOCH **FLORIAN HARTMANN** IM RESTAURANT **PHILIPP SOLDAN** DES HOTELS SONNE FRANKENBERG.

DEN GESCHMACK IM FOKUS

Um in Frankenberg zu höchsten Genussfreuden zu gelangen, muss man erst mal in die Tiefe steigen. Im Kellergeschoss des eleganten „Hotels Sonne Frankenberg“ befindet sich nämlich das mit einem Stern im Guide Michelin ausgezeichnete Restaurant „Philipp Soldan“. Küchenchef Florian Hartmann legt hier seine vollste Konzentration auf ein einziges zentrales Grundlebensmittel höchster Qualität, das im Mittelpunkt der Inszenierung steht. Jede weitere Zutat wie Gewürze, Kräuter oder Beilagen umschmeichelt gekonnt das Basiselement und hebt die herausragenden Eigenschaften weiter hervor. Ziel des sympathischen Küchenchefs ist es, die Seele des Grundproduktes voll zur Geltung zu bringen. Monatlich wechselt er dabei die Speisekarte und bietet Feinschmeckern somit immer wieder spannende neue Kreationen.

STERN IN **DER SONNE**

Philipp Soldan
Marktplatz 2–4
D-35066 Frankenberg/Eder
Tel.: +49 (0) 64 51/75 08 00
E-Mail: reservierung@philipp-soldan.de
www.sonne-frankenberg.de

Kleines Genuss-Hide-away, bei dem im Keller die Sonne aufgeht: Das Sternerestaurant „Philipp Soldan" bietet gerade einmal Platz für 24 Gäste, die von einer achtköpfigen Küchen- und Servicemannschaft perfekt betreut werden. Akribisch arbeitet hier das Team permanent an einer mutig kreativen Küche mit internationalem Anspruch, die dennoch stark auf Produkte der Region setzt. Das elegante Ambiente des Restaurants besticht dabei durch Großzügigkeit und dezente Farben in einer Mischung von Sandtönen mit bordeauxfarbenen Stoffen. Namensgeber des Sternerestaurants ist übrigens der Holzschnitzer und Formenschneider Philipp Soldan, der im Frankenberger Land vor mehr als 500 Jahren seine Spuren hinterließ und heute als einer der bekanntesten Söhne der Stadt Frankenberg gilt.

SCHWIERIGKEITSGRAD: SCHWER | **ZUBEREITUNGSZEIT:** 3½ STUNDEN

GÄNSELEBER

GÄNSELEBERTERRINE, MACADAMIANUSS, SANDDORN UND ICE-VERJUS

GÄNSELEBERTERRINE: Den weißen Portwein bis auf 50 Milliliter reduzieren. 300 Gramm Gänseleber in walnussgroße Stücke schneiden, mit Salz, Pökelsalz und dem abgekühlten reduzierten Portwein in einen Vakuumierbeutel geben, gut mischen und flach vakuumieren. Nach 24 Stunden im Vakuumierbeutel bei 55 °C für 10 Minuten dämpfen. Anschließend auf ein Sieb schütten und in eine mit Folie ausgelegten Pressterrinenform füllen. Diese für weitere 24 Stunden in den Kühlschrank stellen. Die Terrine entnehmen und durch ein feines Sieb streichen. Anschließend in Muschel-Silikonformen einfüllen und kalt stellen. Den Muscheln mit der Airbrushpistole und der Kuvertüre-Kakaobutter-Mischung eine Muschelstruktur aufsprühen.

SANDDORNGEL: Sanddornmark mit Wasser, Zucker und Agar-Agar kalt vermischen und anschließend aufkochen lassen. Nach dem Abkühlen im Mixer zu einem glatten Gel vermischen.

BERNSTEINE: Ice-Verjus „8 BRIX" mit Agar-Agar sowie Gelatine mischen, aufkochen und in die Stein-Silikonformen abfüllen.

MACADAMIA-SAND: Macadamiagrieß, Puderzucker, Butter und Mehl zu einem Sabléteig verarbeiten. Mit Salz und Vanille abschmecken. Auf einem Blech „aufbröseln" und bei 160 °C im Ofen goldgelb backen.

MACADAMIA-SPONGE: Rohrzucker, Nüsse und Meersalz fein mixen. Dann die Eier untermixen, das Mehl unterheben und zum Schluss mit dem Walnussöl emulgieren. In eine iSi-Flasche abfüllen und 2 Gaspatronen aufdrehen. Papiermuffinförmchen bis zur Hälfte befüllen und in der Mikrowelle bei 750 Watt für 1 Minute garen.

HIPPENÄSTE: Marzipan, Puderzucker, Sahne, Zimtpulver, Vanille und Mehl mischen. Das angeschlagene Eiweiß unterheben. Die Masse für 30 Minuten ruhen lassen. Anschließend auf Backpapier feine Äste aufspritzen und bei 180 °C für 5 Minuten backen.

MACADAMIA-GRANITSTEINE: Macadamiagrieß, Maltodextrose, Sepiatinte, Öl, Zucker und Salz verkneten und zu kleinen Steinen abdrehen, sodass Strukturen und Marmorierungen zu erkennen sind. Die Steine in einer 120 °C heißen Pfanne mit drehender Bewegung in Form rollen.

ANRICHTEN: Den Nusssand auf den Teller streuen. Den Granit, den Bernstein und die Muscheln darauf arrangieren. Den Macadamia-Sponge und die Hippenäste anlegen. Das Sanddorngel aufdressieren. Das Kikunablatt und die zuvor in Wasser eingelegten Meerträubchen anlegen.

FÜR 4 PERSONEN:

GÄNSELEBER:
50 ml Portwein, weiß
300 g Bio-Leber von der ungestopften Gans, geputzt
2,1 g Salz, 4,2 g Pökelsalz

ZUM BESPRÜHEN DER MUSCHELN:
20 g Zartbitterkuvertüre
20 g Kakaobutter

SANDDORNGEL:
50 g Sanddornmark, 50 ml Wasser
100 g Zucker, 2 g Agar-Agar

BERNSTEINE:
100 ml Ice-Verjus „8 BRIX"
1,5 g Agar-Agar, 1 Bl. Gelatine
8 Meerträubchen, 4 Stk. Kikunablätter

MACADAMIA-SAND:
50 g Macadamiagrieß
50 g Puderzucker, 50 g Butter
50 g Mehl, Vanille, Salz

MACADAMIA-SPONGE:
75 g Rohrzucker, 2 g Meersalz
15 g Macadamianüsse, 4 Eier
45 ml Walnussöl, 45 g Weizenmehl

HIPPENÄSTE:
25 g Marzipan, 13 g Puderzucker
20 g Eiweiß, angeschlagen
2 ml Sahne, 5 g Zimt, 6 g Mehl, Vanille

MACADAMIA-GRANITSTEINE:
20 g Macadamiagrieß
20 g Maltodextrose, 1 ml Sepiatinte
Öl, Salz, Zucker

BENÖTIGTES EQUIPMENT:
Airbrushpistole, Muschel-Silikonformen
Stein-Silikonformen, iSi-Flaschen und 2 dazugehörige Gaspatronen
Papiermuffinformen

» WEINEMPFEHLUNG:
1989 BEERENAUSLESE
Weingut Korrell
Johanneshof
Nahe

Bernsteinfarbene und überaus delikate Beerenauslese von Riesling und Scheurebe aus der Schatzkammer der Korrells von der Nahe.
www.korrell.com

» PROFITIPP:
Die Gänseleber sorgfältig von eventuellen Galleäderchen befreien, da die Terrine sonst bitter und metallisch schmeckt.
Florian Hartmann, Küchenchef

SCHWIERIGKEITSGRAD: SCHWER | **ZUBEREITUNGSZEIT:** 3 STUNDEN

HANDGEANGELTER WOLFSBARSCH

CEVICHE VOM WOLFSBARSCH, SCHWERTMUSCHEL UND IYOKAN-MANDARINE, DICKE BOHNE UND POWERADEN, BOTTARGA UND QUELLER

LOUP-DE-MER-CEVICHE: Das rohe Wolfsbarschfilet in dünne Scheiben schneiden.

MARINADE: 5 saftige Limetten auspressen. 30 Gramm Rohrzucker und 60 Milliliter Wasser gut verrühren. Mit einer Messerspitze Xantana binden. Blasenbildung durch Vakuumieren entfernen. Die blanchierte Chilischote in Brunoises schneiden und unterrühren. Mit Salz, Pfeffer und Muskatnuss abschmecken.

BOHNENPÜREE: Die eingeweichten Bohnen zusammen mit den Schalotten anschwitzen, mit Weißwein ablöschen und mit Geflügelfond auffüllen. Den Knoblauch, das Lorbeerblatt und den Thymian zugeben und die Bohnen weich kochen. Zusammen mit 100 Gramm der Fèves und der Butter zu einem homogenen Püree mixen und mit Salz, Pfeffer, Muskatnuss und Essig abschmecken. Die anderen 50 Gramm der Fèves, geschält und blanchiert in Butter, Geflügelfond und etwas Bohnenkraut glacieren und mit Salz, Pfeffer und Muskatnuss abschmecken.

BEILAGEN: Die Spitzen der Passepierre-Algen zupfen und in Salzwasser blanchieren. Die rote Zwiebel in feine Streifen schneiden und ebenfalls blanchieren. Die Poweraden putzen und mit dem hellen Mirepoix anschwitzen. Mit Essig ablöschen, mit Geflügelfond auffüllen und sanft garen. Die Poweraden entnehmen, vierteln und in heißem Öl anbraten. Würzen. Die rohen Scheidemuscheln mit etwas Knoblauch, Thymian und Olivenöl vakuumieren und bei 58 °C 6 Minuten im Wasserbad garen. Danach im Eiswasser abschrecken, das Muschelfleisch entnehmen und in Scheiben schneiden. Korianderkresse zupfen, Finger der Buddhas Hand in dünne Scheiben schneiden.

ANRICHTEN: Die Marinade gleichmäßig auf einem flachen Teller verteilen. Die Wolfsbarschscheiben einlegen und mit Fleur de Sel und dem japanischen Bergpfeffer würzen. Das warme Bohnenpüree in Tupfen aufdressieren. Auf jeden Tupfen eine Scheibe Buddhas Hand und eine Passepierre-Algenspitze auflegen. Die Scheidemuschelscheiben gleichmäßig auf dem Fisch verteilen. Die gebratenen Poweradenviertel anlegen, die glacierten Bohnen verteilen. Zum Abschluss einzelne Koriandertriebe anlegen und den Bottarga darüberreiben.

FÜR 4 PERSONEN:

LOUP-DE-MER-CEVICHE:
200 g Wolfsbarschfilet, ohne Haut und Gräten

MARINADE:
5 Limetten, saftig
30 g Rohrzucker
60 ml Wasser
1 Msp. Xantana
½ Chilischote
Salz, Pfeffer, Muskatnuss

BOHNENPÜREE:
150 g Cannellinibohnen
1 Thymianzweig
1 Knoblauchzehe
2 Schalotten
1 Lorbeerblatt
1 l Geflügelfond
200 ml Weißwein
80 g Butter
Bohnenkraut, gerebelt
Essig, Salz, Pfeffer, Muskat

BEILAGEN:
150 g Fèves
10 g Bottarga di Tonno
1 Schälchen Korianderkresse
1 Buddhas Hand
4 Poweraden, Geflügelfond
Mirepoix, hell
½ Zwiebel, rot
100 g Passepierre-Algen
2 Scheidemuscheln, groß
Fleur de Sel, Essig
japanischer Bergpfeffer
Knoblauch, Thymian, Olivenöl

» WEINEMPFEHLUNG:
2012 MUSCADET SÈVRE ET MAINE „AMPHIBOLITE NATURE"
Jo Landron
Loire, Frankreich

Salzige Mineralität gepaart mit feiner Fruchtigkeit von Zitrus- und Grüner-Apfel-Noten.
www.domaines-landron.com

» PROFITIPP:
Den rohen Fisch nicht zu lange vorher marinieren, da die Säure ihn sonst komplett durchgart.
Florian Hartmann, Küchenchef

SCHWIERIGKEITSGRAD: SCHWER | **ZUBEREITUNGSZEIT:** 3½ STUNDEN

SCHOLLE

GEBUTTERTE SOJASAUCE, RETTICH, MATSUBADAKI-ALGE UND INGWER-PAK-CHOI

SCHOLLE: Die Fischfilets leicht plattieren, mit etwas Farce bestreichen, ein Noriblatt auflegen, wieder mit Farce bestreichen und erneut ein Schollenfilet auflegen. Diesen Vorgang noch einmal wiederholen. Die Schollenschnitte vakuumieren und bei 56 °C für 6 Minuten im Wasserbad garen. Anschließend entnehmen, in Form schneiden und in Butter nachbraten.

SAUCE: Die Sojasauce mit dem Geflügelfond aufkochen, vom Feuer nehmen und die kalte Butter untermontieren.

PAK CHOI: Aus Geflügelfond, dem P.X.-Essig, dem Balsamicoessig, dem Senf und den Ölen eine Vinaigrette herstellen, den Sushi-Ingwer untermixen, mit Salz und Zucker abschmecken. Den Pak Choi in Sesamöl ansautieren und mit dem hergestellten Dressing ablöschen.

DASHI-CRUMBLE: Die Tapiokaperlen im Dashisud weich kochen, abgießen und dünn auf einem Backpapier ausstreichen, trocknen lassen, in grobe Stücke brechen und in 200 °C heißem Öl aufpuffen lassen.

INGWERSTROH: Die geschälte Ingwerknolle in feine Juliennes schneiden, blanchieren, gut abtrocknen und in 160 °C heißem Öl zu kleinen Nestern backen.

BEILAGEN: Den Daikonrettich dünn aufschneiden und in 1 x 8 Zentimeter lange Streifen schneiden. Radieschen in dünne Scheiben schneiden.

ANRICHTEN: Die Fischschnitte mittig in einen tiefen Teller legen und mit der Sauce nappieren. Den Pak Choi anlegen. 2 Daikonrettichschleifen zusammen mit der Matsubadaki-Alge auf den Fisch legen. Den frittierten Tapioka grob über den Fisch bröseln und ein Ingwernest daraufsetzen. Die feinen Radieschenscheiben auf dem Teller verteilen.

FÜR 4 PERSONEN:

SCHOLLE:
400 g Schollenfilet, plattiert
4 Bl. Norialgen
20 ml Fischfarce
Butter

SAUCE:
50 ml Sojasauce, hell
50 ml Geflügelfond
60 g Butter, kalt

PAK CHOI:
4 Stk. Baby-Pak-Choi
Sesamöl
25 ml Geflügelfond
10 ml P.X.-Essig, weiß
8 ml Balsamicossig, weiß
10 g Sushi-Ingwer, fein gehackt
1 g Senf
35 ml Pflanzenöl
15 ml Walnussöl
Salz, Zucker

DASHI-CRUMBLE:
20 g Tapiokaperlen
100 ml Dashisud (Sud aus Fischfond, Norialge und Bonitoflocken)
Öl

INGWERSTROH:
1 Ingwerknolle, Öl

BEILAGEN:
100 g Daikonrettich, süß-sauer eingelegt
10 g Matsubadaki-Alge
2 Radieschen
300 ml Pflanzenöl, neutral

» WEINEMPFEHLUNG:
2005 RIESLING FORSTER JESUITENGARTEN „G.C." TROCKEN
Weingut Dr. Bürklin-Wolf
Pfalz

Reife und opulente Gelbfruchtnoten von Mandarinen und Aprikosen, dazu Fülle und Schmelz und eine feingliedrige Säure dieses großen Lagen-Rieslings.
www.buerklin-wolf.de

» PROFITIPP:
Beim Schichten der Schollenfilets darauf achten, dass die ehemalige Hautseite nach unten weist, da sich sonst der Fisch beim Garen wölbt.
Florian Hartmann, Küchenchef

STERNEKOCH **PATRICK BITTNER** IST DER IRON MAN UNTER DEN KÖCHEN UND SPRINTET IM **RESTAURANT FRANÇAIS** DES STEIGENBERGER FRANKFURTER HOFS ZU AROMATISCHEN REKORDEN.

DER EISERNE KOCH

Wenn jemand es schafft, seit fünf Jahren erfolgreich einen Stern im Guide Michelin zu erkochen und so ganz nebenbei täglich für den Ironman und den Marathon zu trainieren, zeugt das von außergewöhnlichem Willen. Dass man für eine so hochdekorierte und kreative Küche neben Ausdauer vor allem großes Talent mitbringen muss, weiß jeder, der schon einmal das Vergnügen hatte, die famosen Kreationen Patrick Bittners zu genießen. Scheinbar mühelos gelingt ihm der Spagat, die Gäste zu fordern, sie aber nicht gleichzeitig zu provozieren. Es ist faszinierend zu erschmecken, wie modern und kreativ ein Küchenchef, der in den besten Sternehäusern in die Lehrjahre gegangen ist, klassische französische Küche auffassen kann. Höchstleistungen stehen bei Bittner also auf der Tagesordnung, im Sport wie in der Küche.

SYMPATHISCHE **HOCHLEISTUNGS MANNSCHAFT**

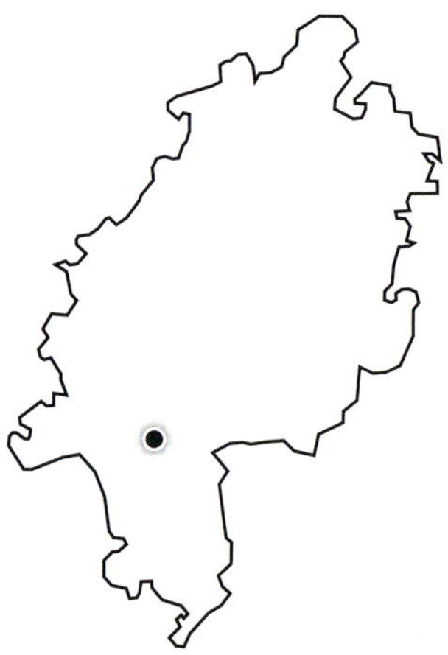

Restaurant Français
Am Kaiserplatz 1
D-60311 Frankfurt am Main
Tel.: +49 (0) 69/21 51 18
E-Mail: info@francais-restaurant.de
www.francais-restaurant.de

Marathon statt Kurzstreckensprint: Den hohen Level an Professionalität spürt man im „Steigenberger Frankfurter Hof“ an allen Ecken und Enden. Dass sich diese außergewöhnliche Qualität auch im „Restaurant Français“ fortsetzt, verblüfft daher in keiner Sekunde. Bittners Küche ist puristisch, brilliert durch die Reduktion auf das Wesentliche und wurde daher völlig zu Recht mit einem Stern im Guide Michelin und 17 Punkten im Gault Millau ausgezeichnet. Während das Team um Patrick Bittner und Sous Chef Johannes Goll in der Küche Steherqualitäten beweist, ist das Publikum auch im Restaurant selbst in allerbesten Händen. Leiter des Serviceteams ist Nils Blümke, der die Gäste stets kompetent wie eloquent begleitet und mit Sommelier Franck Mouzon das perfekte Pendant an seiner Seite hat.

SCHWIERIGKEITSGRAD: SCHWER | **ZUBEREITUNGSZEIT:** 3 STUNDEN

ELSÄSSER GÄNSELEBER

BLUTWURST/APFEL/ZWIEBEL

FÜR 4 PERSONEN:

ELSÄSSER GÄNSELEBER:
200 g Gänsestopfleber

GÄNSELEBERBAISER:
10 ml Portwein, weiß
10 ml Madeira, 43 g Gänseleber
1 Eigelb, 55 g Eiweiß
6 g Zucker, Salz, Pfeffer

ZWIEBELPAPIER:
200 g Zwiebeln
Salz, Pfeffer, Wasser, Agar-Agar

ZWIEBELERDE:
20 g Zwiebeln, geröstet
20 g Brioche, getrocknet
20 g Pailleté feuilletine
5 g Malto, Salz, Pfeffer
5 g Zwiebelsamen

BLUTWURST:
100 g Blutwurst

PICANDOU-CREME:
100 g Picandou, Salz, Pfeffer, Zitrone

APFEL:
1 kg Äpfel, geschält, 5 Bl. Gelatine
250 ml Apfelsaft, 1 Vanillestange
Zucker, Apfelessig

BRUNNENKRESSESORBET:
150 g Joghurt
50 g Sahne, sauer
15 g Limettensaft
25 ml Wasser
37 g Glucose
3 Pck. Gartenkresse
4 Pck. Brunnenkresse
Salz, Pfeffer, Meerrettich

DEKO:
Brunnenkresse, Essigbaumrinde

ELSÄSSER GÄNSELEBER: Die Gänsestopfleber 1 Zentimeter dick ausrollen und auf 5 Zentimeter Durchmesser ausstechen.

GÄNSELEBERBAISER: Gänseleber, Portwein, Madeira, Salz, Pfeffer und Eigelb miteinander mixen. Das Eiweiß mit Zucker steif schlagen. Die beiden Massen miteinander vermischen, 2 Millimeter dünn auf ein Backpapier streichen und 24 Stunden bei 68 °C trocknen.

ZWIEBELPAPIER: Zwiebeln schälen, klein schneiden und mit Wasser aufsetzen. Wenn sie weich sind, werden sie abpassiert und fein gemixt. Auf 100 Gramm Zwiebelmasse kommt 1 Gramm Agar-Agar. Die Masse aufkochen und Agar-Agar hineingeben. Mit Salz und Pfeffer abschmecken. Die Masse 1 Millimeter dünn auf ein Backpapier streichen und 24 Stunden bei 68 °C trocknen lassen.

ZWIEBELERDE: Alle Zutaten zusammenmischen.

BLUTWURST: Die Blutwurst in feine Scheiben schneiden und mit einem 1 Zentimeter großen Ausstecher ausstechen.

PICANDOU-CREME: Alle Zutaten zu einer leichten Creme mixen.

APFEL: Äpfel vierteln und das Kerngehäuse rausschneiden. Die Äpfel mit dem Apfelsaft weich schmoren. 400 Gramm Äpfel mit 100 Milliliter Apfelsaft und 5 Blatt Gelatine zusammenmischen und in eine viereckige Form geben. Diese in den Froster stellen. Die gefrorene Apfelmasse in Scheiben schneiden und genauso rund ausstechen wie die Gänsestopfleber. Den Rest der Äpfel zu einem weichen Apfelmus mixen. Dieses mit Vanille, Zucker und Apfelessig abschmecken. Ein Teil des Apfelmuses nimmt man als Sauce, der andere Teil wird in kleine Halbkugel-Matten gegeben und eingefroren. 500 Milliliter Apfelsaft und 21 Gramm vegetarische Gelatine zusammen aufkochen. Die gefrorene Halbkugel durch die heiße Masse ziehen und auftauen lassen.

BRUNNENKRESSESORBET: Alle Zutaten fein mixen. Die Masse in eine Eismaschine geben und frieren lassen.

ANRICHTEN: Die ausgestochene Gänsestopfleber in die Mitte des Tellers setzen. Darauf setzt man den ausgestochenen Apfel und gibt die Zwiebelerde darauf. Das Apfelmus und die Picandou-Creme punktförmig aufmontieren. Die Apfelhalbkugel gibt man auf die Zwiebelerde und darauf noch Essigbaumrinde. Von der ausgestochenen Blutwurst verwendet man 3 Scheiben. Eine Nocke Brunnenkressesorbet abstechen und auf die Leber setzten. Mit Brunnenkresse, Zwiebelpapier und Gänseleberbaiser ausdekorieren.

» WEINEMPFEHLUNG:

CHÂTEAU CASTELNAU DE SUDUIRAUT 2008
Sauternes
Bordeaux

Delikate Aromen, die von Honig, Aprikosen, kandierten Früchten und Pfirsichen dominiert werden, erfrischen die Nase.
www.suduiraut.com

» PROFITIPP:

Bis auf das Eis kann man alles sehr gut vorher zusammensetzen und ohne Stress servieren.
Patrick Bittner, Küchenchef

SCHWIERIGKEITSGRAD: MITTEL | **ZUBEREITUNGSZEIT:** 2 STUNDEN

KANINCHEN

BLUMENKOHL/PERSISCHE WEINTRAUBE/KÖNIGSKRABBE

BLUMENKOHL: Aus der Mitte des Blumenkohls 4 gleichmäßige Scheiben schneiden. Dabei sollten die Röschen an den Scheiben dranbleiben. Die Blumenkohlscheiben mit Curryöl, Salz und brauner Butter in einen Sous-vide-Beutel geben und vakuumieren. Den Beutel bei 85 °C für 14 Minuten im Dampf garen.

BLUMENKOHLCOUSCOUS: Den Blumenkohl auf die Größe des Couscous hacken. Mit den restlichen Zutaten verrühren und in einer heißen Teflonpfanne goldgelb anbraten.

BLUMENKOHLPÜREE: Schalotten und Blumenkohl mit etwas Rapsöl ohne Farbe anschwitzen. Sahne hinzufügen und weich garen. Das Ganze in den Mixer geben, fein pürieren und mit Gewürzen und Butter abschmecken.

CURRYROSINEN: Den Apfel und die Schalotten im Rapsöl bei kleiner Hitze 10 Minuten anschwitzen. Curry, Sternanis und Pfeffer zufügen und nach 2 Minuten mit Portwein ablöschen. Köcheln lassen, bis die Flüssigkeit fast weg ist. Nun mit 480 Milliliter Wasser sowie Kaffirlimetten auffüllen und köcheln lassen. 10 Minuten ziehen lassen, mit Salz abschmecken und durch ein Sieb passieren. Heiße Flüssigkeit auf die Weintrauben geben und marinieren.

KÖNIGSKRABBE: Die Krabben aus dem Panzer brechen. Das Fleisch in etwas Butter und Salz warm werden lassen.

KANINCHEN: Die Kaninchenkeule würzen und mit Olivenöl von allen Seiten anbraten. Das Röstgemüse zufügen, weiterschmoren, mit Alkohol ablöschen und anschließend die Sahne auffüllen. Die Keule darin etwa 45 Minuten, bis das Fleisch weich ist, schmoren lassen. Anschließend vorsichtig vom Knochen trennen.

SAUCE: Den Fond von der Keule durch ein feines Sieb passieren. Diesen nun je nach Geschmack noch reduzieren und zum Schluss mit kalter Butter binden.

ANRICHTEN: 1 Löffel Blumenkohlpüree auf den Teller geben und mit dem Löffel zum Strich ziehen. Nun 1 Scheibe von dem Sous-vide-Blumenkohl und Couscous anlegen. Je 2 Stück Kaninchen und Königskrabbe darauf verteilen. Die Weintrauben anlegen und das Ganze mit der Sauce nappieren und servieren.

FÜR 4 PERSONEN:

BLUMENKOHL:
1 Blumenkohlkopf
70 g Butter, braun
40 ml Curryöl, Salz

BLUMENKOHLCOUSCOUS:
Couscous
300 g Blumenkohl, Abschnitte
20 g Butter, geklärt
8 ml Limonensaft, 2 g Salz

BLUMENKOHLPÜREE:
300 g Blumenkohl, Abschnitte
2 Stg. Schalotten, 100 ml Sahne
60 g Butter, Salz, Pfeffer, Muskat
Rapsöl

CURRYROSINEN:
6 ml Rapsöl, Wasser
1 Granny-Smith-Apfel, fein geschnitten
4 g Madras-Curry, 1 Sternanis
8 Pfefferkörner, schwarz
80 ml Portwein, Schalotten
2 Kaffirlimetten, 4 g Salz
70 g Weintrauben, golden, persisch

KÖNIGSKRABBE:
4 Stk. Königskrabben, Mittelstück, fertig gegart
Butter, Salz

KANINCHEN:
4 Stk. Kaninchenkeule
300 g Röstgemüse (Lauch, Sellerie, Zwiebel)
200 ml Weißwein, 200 ml Sahne
Salz, Pfeffer, Olivenöl

SAUCE:
Fond von der Kaninchenkeule
Butter

» WEINEMPFEHLUNG:
JOHANNISBERGER HÖLLE 2008
PINOT NOIR TROCKEN
Weingut Chat Sauvage
Rheingau

Rubinrot, sehr würziger, mineralischer und zart holziger Kirschduft, dicht und saftig im Mund.
www.chat-sauvage.de

» PROFITIPP:
Kaninchen am Vortag schmoren und nur noch im eigenen Fond erwärmen.
Patrick Bittner, Küchenchef

SCHWIERIGKEITSGRAD: MITTEL | **ZUBEREITUNGSZEIT:** 2½ STUNDEN

ZITRONEN

MOHN/FENCHEL/IVOIRE

FENCHELSALAT: Den Fenchel fein aufhobeln. Mit Zitrone und Olivenöl leicht marinieren.

FENCHELPÜREE: Vom Fenchel das Grüne abschneiden und für die Deko aufbewahren. Fenchelknolle klein schneiden und mit Milch, Wasser sowie Gewürzen weich kochen. Die Fenchelmasse in ein Sieb geben und abtropfen lassen. Die trockene Masse fein pürieren und mit Xantana leicht binden.

ZITRONENMARMELADE: Zitrone sowie Grapefruit schälen und klein schneiden. Früchte, Zitronenpüree, Wasser, Zucker und Pektin für 10 Minuten zum Kochen bringen. Danach durch ein Sieb geben und erkalten lassen. Mit Zucker und Yuzusaft abschmecken.

MOHNPUDDING: Milch, Zucker, Mehl und Eigelb für 4 Minuten zum Kochen bringen. Die Masse in einen Mixer geben und mit Mohnöl und weißer Kuvertüre aufmixen.

ZITRONEN-MOHN-KUCHEN: Butter und Zucker aufschlagen. Eier, Olivenöl und Zitronenschale langsam dazugeben. Mohn, Mehl sowie Backpulver unter die Masse geben. Die Masse in eine viereckige Form füllen und bei 180 °C für 60 Minuten backen lassen. Für die Zitronenkuchen-Chips die Hälfte des Kuchens einfrieren, sodass man dann feine Scheiben aufschneiden kann. Auf ein Backblech geben und bei 180 °C 8 Minuten backen.

GLASUR UND MOHNERDE: Alles zusammenrühren.

WEISSE-SCHOKOLADEN-GANACHE: Sahne aufkochen und über die Kuvertüre geben. Die Gelatine auflösen, unter die Masse geben, die geschlagene Sahne unter die leicht warme Masse heben.

ZITRONEN-BUTTERMILCH-EIS: Zitrussaft, Wasser und Puderzucker zum Kochen bringen. Das Zitronengras 30 Minuten darin ziehen lassen, bevor man die Buttermilch dazugibt. Bevor man das Pro-Sorbet untermixt, abpassieren und in die Eismaschine geben.

FÜR 4 PERSONEN:

FENCHELSALAT:
1 Stk. Fenchel, 1 Zitrone, Olivenöl

FENCHELPÜREE:
600 g Fenchel, 250 ml Milch
Salz, Pfeffer, Zucker, Wasser, Xantana

ZITRONENMARMELADE:
200 g Zitronenpüree, 100 ml Wasser
60 g Zucker, 6 g Pektin, Yuzusaft
5 Zitronen, 5 Stk. Grapefruit

MOHNPUDDING:
100 ml Milch, 24 g Zucker
20 g Eigelb, 10 g Mehl
12 g Mohnöl, 24 g Kuvertüre, weiß

ZITRONEN-MOHN-KUCHEN:
120 g Mehl, 4 g Backpulver
25 ml Olivenöl, 65 g Butter, weich
2 Eier, 120 g Zucker, 8 g Blaumohn
1 Zitrone, Schale

GLASUR:
50 g Puderzucker, 10 ml Zitronensaft

MOHNERDE:
10 ml Mohnöl, 20 g Malto
10 g Blaumohn

WEISSE-SCHOKOLADEN-GANACHE:
10 ml Sahne, 20 g Kuvertüre, weiß
20 g Sahne, geschlagen
1 Bl. Gelatine

ZITRONEN-BUTTERMILCH-EIS:
100 ml Buttermilch, 30 g Puderzucker
60 ml Zitronensaft, 60 ml Limettensaft
2 Stk. Zitronengras, 60 ml Wasser

DEKO:
Fenchel, grün, Blaumohn
Zitronenkuchen-Chips, Grapefruitfilet
Yuzupulver

» WEINEMPFEHLUNG:
GELBER MUSKATELLER 2012
Manfred Tement
Steinbach – Steiermark

Im Duft wie im Geschmack überwiegen mineralische Würze und hocharomatische Koriander- sowie saftige Traubenaromen.
www.tement.at

» PROFITIPP:
Der Rest vom Zitronenkuchen passt auch sehr gut zum Kaffee am nächsten Tag!
Patrick Bittner, Küchenchef

GREGOR NOWAK DEMONSTRIERT IM FRANKFURTER **RESTAURANT HEIMAT**, WIE MAN AUF KLEINSTEM RAUM MIT SOUVERÄNER KÜCHE GROSSES KINO BIETET.

LÄSSIGER AROMEN ZAUBER

Unglaubliches Engagement findet man im ovalen Pavillon an der Frankfurter Berliner Straße. Bei Gregor Nowaks Team muss jeder Handgriff sitzen, denn Platz ist in der Küche des stimmungsvollen „Weinrestaurants Heimat" Mangelware. Wobei Küche schon übertrieben ist. Eine kleine Nische hinter der Bar reicht Nowak und seinen Kollegen, um ihren Gästen jeden Abend unvergessliche Momente zu bescheren. Wie in einem perfekt geölten Uhrwerk greifen alle Rädchen ineinander und sorgen vor allem beim faszinierten Publikum an der Bar für Überraschungsmomente am laufenden Band. Worte werden dabei kaum gewechselt, es scheint, als würden die Hauptprotagonisten mittels Gedankenübertragung kommunizieren. Das Ergebnis ist genauso übersinnlich, was zur Folge hat, dass man ohne Reservierung nur Zaungast bleibt.

VIEL GESCHMACK **AUF WENIG PLATZ**

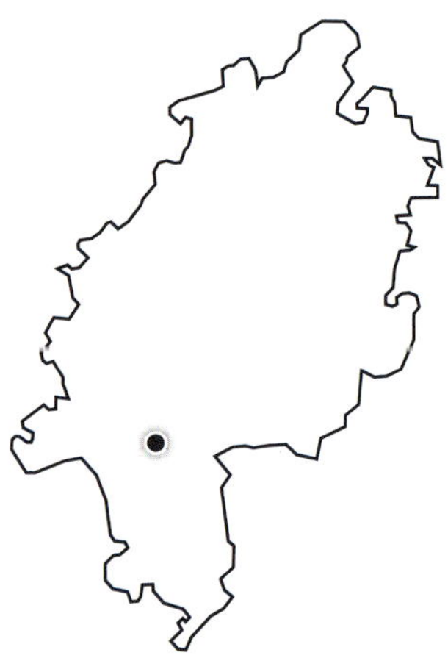

Restaurant Heimat
Berliner Straße 70
D-60311 Frankfurt am Main
Tel.: +49 (0) 69/29 72 59 94
E-Mail: info@heimat-restaurant.de
www.heimat-frankfurt.com

Schon faszinierend, was das Team um Oliver Donnecker und Sabine Fey hier aufgebaut hat. Denn neben der famosen Küche von Gregor Nowaks Mannschaft ist vor allem die Leidenschaft für Wein in der „Heimat" allgegenwärtig. Hier begeben sich selbst erfahrene Önologen gerne in die Hände von Oli Donnecker, denn ganz egal ob man ein mehrgängiges Menü wählt oder sich auf die formidable Käse- oder Schinkenauswahl beschränkt: Für einen passenden Tropfen wird gesorgt. Und unglaublich erfrischend wie mutig ist, dass es nur Wein, Wasser und Kaffee gibt. Denn der Weinkeller, in dem stattliche 400 Positionen lagern, misst gerade einmal 15 Quadratmeter. Klar, dass da kein Platz für Cola, Bier oder anderes bleibt. Tipp: An lauen Sommerabenden lockt die Terrasse mit urbanem Großstadtfeeling und Blick auf die Spitze des Frankfurter Doms.

WC

SCHWIERIGKEITSGRAD: MITTEL | **ZUBEREITUNGSZEIT:** 1 ¾ STUNDEN

ROH MARINIERTE GÄNSESTOPFLEBER

MANGO/FRISCHKÄSE/HASELNUSS/ZITRONENVERBENE

FÜR 4 PERSONEN:

STOPFLEBER:
1 Gänsestopfleber, 800 g
1 Prise Pökelsalz
1 Prise Sel Rosé
1 Prise Quatre-épices
je ein Schuss roter Portwein, Sherry medium dry, Süßwein und Crème de Cassis
Salz, Pfeffer

MANGOWÜRFEL:
2 Mangos, reif
200 g Mangomark

HASELNUSSFRISCHKÄSE:
125 g Frischkäse, Doppelrahmstufe
50 g Haselnussgrieß
50 ml Milch
Salz, Pfeffer
Zitronensaft

KARAMELLISIERTE HASELNÜSSE:
50 g Haselnüsse, geschält
3 EL Zucker, braun
Wasser

ZITRONENVERBENENÖL:
50 ml Öl (Raps oder Sonnenblume)
4 Zitronenverbenezweige

STOPFLEBER: Mit einem kleinen Küchenmesser die Haut von der Stopfleber schaben und diese dann in nicht zu kleine Stücke schneiden. Dabei kleine Adern und Sehnen entfernen. Die Abschnitte in einen Topf geben und vorsichtig erhitzen, sodass die Masse gerade schmilzt. Diese durch ein feines Sieb auf die geputzten Leberstücke streichen. Dies sorgt beim Abkühlen für die Bindung. Mit den restlichen Zutaten abschmecken und alles vorsichtig zu einer homogenen Masse vermengen. In eine mit Plastikfolie ausgelegte flache Form 1 Zentimeter hoch aufstreichen, abdecken und mindestens 3 Stunden kalt stellen.

MANGOWÜRFEL: Die Mangos schälen und in 1 Zentimeter große Würfel schneiden. Mit dem Mangomark vermengen.

HASELNUSSFRISCHKÄSE: Den Frischkäse mit dem Haselnussgrieß und der Milch glatt rühren. Mit Salz, Pfeffer und Zitronensaft abschmecken. In einen Spritzbeutel geben.

KARAMELLISIERTE HASELNÜSSE: 3 Esslöffel braunen Zucker mit einem kleinen Schuss Wasser in eine Pfanne geben und kurz aufkochen lassen. Die Haselnüsse dazugeben und etwa 2 bis 3 Minuten kochen lassen. Dabei mit einem Holzlöffel umrühren, damit der Zucker die Nüsse gleichmäßig umschließt. Goldbraun karamellisieren lassen. Zum Abkühlen auf ein Backpapier geben.

ZITRONENVERBENENÖL: Die Blätter der Zitronenverbene mit dem Öl fein mixen, dabei die Spitzen und einige schöne, kleine Blätter für die Dekoration aufheben.

ANRICHTEN: Die Leber mit einem runden Ausstecher (4 Zentimeter Durchmesser) ausstechen. Einige marinierte Mangowürfel auf den Teller geben. Mit dem Spritzbeutel mehrere Punkte vom Haselnussfrischkäse setzen und die karamellisierten Nüsse daraufgeben. Etwas vom Zitronenverbenenöl in die Zwischenräume träufeln, ebenfalls etwas vom Mangomark. Die Gänsestopfleberscheibe auf den Teller stellen und mit etwas Fleur de Sel bestreuen. Mit den Zitronenverbenespitzen ausgarnieren.

» WEINEMPFEHLUNG:

2006 RIESLING SPÄTLESE GOLDKAPSEL RÜDESHEIMER BISCHOFSBERG
Weingut August Kesseler
Assmannshausen – Rheingau

Strahlendes Goldgelb, leichte Schieferwürze, reife gelbe Frucht. Am Gaumen Exotik und Schmelz, präzise und feine Säure, elegante Länge.

www.august-kesseler.de

» PROFITIPP:

Die Lebermasse eher kräftig abschmecken, da beim Marinieren viel von den Aromaten durch die Stücke der Leber gebunden wird.

Gregor Nowak, Küchenchef

SCHWIERIGKEITSGRAD: MITTEL | **ZUBEREITUNGSZEIT:** 1 ½ STUNDEN

TRANCHE VOM DUROC-SCHWEIN

FRANKFURTER KRÄUTERSUD/LINSEN/RADIESCHEN/
KARTOFFEL-SPECK-FOCACCIA

DUROC-SCHWEIN: Das Schwein rundherum anbraten und dann auf der Schwarte weiterbraten, bis diese goldbraun ist. Im Ofen bei 180 °C 15 Minuten garen.

FRANKFURTER KRÄUTERSUD: Sellerie, Zwiebel und Schinkenspeck würfeln und anschwitzen. Mit dem Kalbsfond ablöschen. Kümmel und Salz zugeben. 1 Stunde köcheln lassen, abpassieren und abkühlen lassen. Die Grüne-Sauce-Kräuter waschen und trocken schleudern. Dabei einige Zweige zur Dekoration beiseitelegen. Die restlichen Kräuter im Mixer mit dem Selleriefond fein mixen. Abschmecken.

LINSEN: Jede Sorte Linsen separat ohne Salz bissfest kochen. Abschütten. Aus Öl, Essig, Salz, Pfeffer und Schnittlauch eine Vinaigrette herstellen. Die Linsen lauwarm mischen und etwas Vinaigrette dazugeben. Die Radieschen waschen und in Juliennes schneiden.

KARTOFFEL-SPECK-FOCACCIA: Die Milch erwärmen und Zucker und Hefe darin auflösen. An einem warmen Ort zugedeckt 10 Minuten gehen lassen. Speck im Schweineschmalz auslassen. Majoran hacken. Mehl in einer Schüssel mit dem Salz mischen. Speck, Schmalz, Hefemischung, Kartoffeln und Majoran dazugeben. Alles zu einem glatten Teig verarbeiten. In eine gefettete Form geben und nochmals 30 bis 40 Minuten gehen lassen. Im vorgeheizten Backofen bei 180 °C Umluft 40 Minuten backen. Auf einem Gitter auskühlen lassen.

ANRICHTEN: Etwas vom Sud in einen tiefen Teller geben. Von den Linsen eine Nocke hineinsetzen und das Schwein anlegen. Mit den Kräutern und den Radieschen ausgarnieren.

FÜR 4 PERSONEN:

DUROC-SCHWEIN:
4 Stk. Duroc-Schweinerücken mit Schwarte, à 200 g
1 Bd. Radieschen

FRANKFURTER-KRÄUTERSUD:
1 Pck. Kräuter der Frankfurter Grünen Sauce
1 l Kalbsfond
½ Sellerieknolle
200 g Schinkenspeck
1 Metzgerzwiebel
Kümmel, Salz

LINSEN:
100 g Belugalinsen
100 g Linsen, gelb
100 g Linsen, rot
Olivenöl
Balsamicoessig, weiß
Salz, Pfeffer
Schnittlauch, Radieschen

KARTOFFEL-SPECK-FOCACCIA:
40 g Zucker
30 g Hefe
250 ml Milch
1 Majoranzweig
600 g Weizenmehl
300 g Kartoffeln, gekocht und durchgepresst
50 g Schweineschmalz
130 g Speck, gewürfelt
25 g Salz

» WEINEMPFEHLUNG:

2012 DITTELSHEIM GRAUBURGUNDER QUALITÄTSWEIN TROCKEN
Weingut Stefan Winter
Dittelsheim – Rheinhessen

Konzentrierte Frucht mit erfrischender Mineralität, als Speisenbegleiter die perfekte Balance zwischen Kraft und Finesse.
www.weingut-winter.de

» PROFITIPP:

Beim Kochen der Linsen kein Salz ins Wasser geben, da sich die Garzeit der Linsen sonst erheblich verlängert und diese schwerer verdaulich sind.
Gregor Nowak, Küchenchef

SCHWIERIGKEITSGRAD: LEICHT | **ZUBEREITUNGSZEIT:** 45 MINUTEN

ZITRONENTARTE

PISTAZIENPARFAIT/HIMBEEREN

ZITRONENTARTEBODEN: Für den Tarteboden aus Mehl, Butter, Zucker und dem Ei einen Mürbeteig herstellen, in Klarsichtfolie im Kühlschrank 1 Stunde ruhen lassen. Den Teig zwischen 2 Lagen Backpapier ausrollen und blind backen.

ZITRONENTARTEFÜLLUNG: Für die Füllung die Butter zerlassen. Puderzucker mit Saft und Abrieb der Zitronen und dem Ei mixen. Warme Butter langsam einfließen lassen. Die Masse in den abgekühlten Boden geben und bei 120 °C Umluft backen, bis sie stockt.

PISTAZIENPARFAIT: Eigelb, Vollei und Zucker über dem Wasserbad dickschaumig aufschlagen. Pistazienmark einrühren. Sahne steif schlagen, unter die abgekühlte Masse heben. In eine mit Klarsichtfolie ausgelegte Form füllen und über Nacht ins Tiefkühlfach geben.

ANRICHTEN: Himbeeren mit dem Himbeermark marinieren und auf dem Teller verteilen. Tarte und Parfait auf den Teller geben und mit den Minzespitzen garnieren. Mit Puderzucker bestäuben.

FÜR 4 PERSONEN:

ZITRONENTARTEBODEN:
200 g Mehl
140 g Butter, kalt
60 g Zucker
1 Ei

ZITRONENTARTEFÜLLUNG:
200 g Puderzucker
125 g Butter
1 Vollei
3 Zitronen, unbehandelt,
Saft und Abrieb

PISTAZIENPARFAIT:
3 Eigelb
1 Vollei
100 g Zucker
350 ml Schlagsahne
80 g Pistazienmark

ANRICHTEN:
300 g Himbeeren
100 ml Himbeermark
Minzespitzen zum Garnieren
Puderzucker

» WEINEMPFEHLUNG:

2012 RIESLANER AUSLESE, BÜRGSTADT CENTGRAFENBERG
Weingut Rudolf Fürst
Bürgstadt – Franken

Feiner Duft nach Holunderblüten und Minze. Zarte Süße mit lebhafter Säure, ein Rieslaner am Beginn seiner Entwicklung, erfrischend.
www.weingut-rudolf-fuerst.de

» PROFITIPP:

Vor dem Servieren das Parfait für einige Sekunden mit dem Crème-brûlee-Brenner abflämmen, es glänzt dann schön und bekommt die optimale Konsistenz.
Gregor Nowak, Küchenchef

STILLSTAND KENNT **RICO FRANKE** NICHT: DER KÜCHENCHEF DES **ROOMERS** IN FRANKFURT VERSETZT MIT UNBÄNDIGER EXPERIMENTIERLUST SEINE KOSMOPOLITISCHEN GÄSTE IN EXTASE.

FRONTALER CROSS-OVER CHEF

Wer überraschen will, braucht Mut und Visionen." So lautet das Motto von Rico Franke und genau mit dieser Ansage begeistert er auch sein Publikum. Die Leidenschaft, neue Dinge auszuprobieren, entwickelte er schon während seiner Laufbahn in führenden Gourmetrestaurants wie der „Schweizer Stuben" in Wertheim, dem „Hotel Nassauer Hof" in Wiesbaden oder dem Restaurant „Hofmann" in Barcelona. Bei den Produkten legt Franke besonderen Wert auf saisonale und nachhaltig produzierte Ware und das schmeckt man auch. Ob bei Kreationen wie „Zweierlei vom Duroc-Schwein – Bauch & Filet" oder „Keule vom Schwarzfeder-Biohuhn": Die Freude am Herumtüfteln spürt man bei jedem Bissen. Scheinbar mühelos schafft es der „Roomers"-Chef, ein ungezwungenes kulinarisches Aha-Erlebnis zu bereiten.

Rico Fran

VERDAMMT **COOLE KÜCHENFREAKS**

Restaurant Roomers
Gutleutstraße 85
D-60329 Frankfurt am Main
Tel.: +49 (0) 69/271 34 20
E-Mail: info@roomers.eu
www.roomers.eu

Da hat das dynamische Unternehmerduo Micky Rosen und Alex Urseanu wieder ein goldenes Händchen bewiesen: Mit „Roomers"-Küchenchef Rico Franke konnten die beiden Visionäre einen Mann nach Frankfurt holen, der mit viel Engagement und Kreativität der Gastroszene am Main neuen Esprit einhaucht. Doch was wäre ein Großmeister ohne sein Team? „Meine Leute hier sind echt der Hammer. Eine richtig schlagkräftige Truppe, auf die ich mich jederzeit verlassen kann", schwärmt der gebürtige Erfurter von seiner Mannschaft. Und die braucht er auch, denn das extrem stylishe Restaurant mit seinen 90 Sitzplätzen und großzügigem Wintergarten ist täglich zum Business-Lunch sowie abends bis 24 Uhr geöffnet. Zudem können hungrige Gäste nonstop rund um die Uhr ausgewählte Franke-Kreationen ordern.

LUST
AUF
GUT

SCHWIERIGKEITSGRAD: MITTEL | **ZUBEREITUNGSZEIT:** 2½ STUNDEN

HAMACHI UND PULPO

ROH MARINIERTER SPARGEL, SOJAREDUKTION, WASABIRAUKE

HAMACHI UND PULPO: Den Pulpo weich kochen. Die Saugnäpfe noch warm entfernen sowie auf die gewünschte Größe und Dicke schneiden. Vor dem Anrichten scharf von beiden Seiten angrillen. Beim Hamachi die Haut abziehen, das überflüssige Fett wegschneiden, in feine 2 bis 3 Millimeter dicke Scheiben schneiden und beiseitestellen. Den weißen Spargel schälen und dann in feine Streifen schneiden. Mit dem wilden Spargel eine Stunde vor dem Anrichten mit der Vinaigrette marinieren.

SOJAREDUKTION: Mit dem Zucker einen hellen Karamell erzeugen und mit Sojasauce sowie Ketjap Manis ablöschen. Trauben, Ingwer sowie Koriander dazugeben und auf die gewünschte Dicke einreduzieren. Passieren, in eine kleine Spritzflasche geben und beiseitestellen.

VINAIGRETTE FÜR ROH MARINIERTEN SPARGEL: Alles pürieren und mit Olivenöl bis zur gewünschten Dicke aufmontieren. In Spritzflaschen geben und beiseitestellen.

ANRICHTEN: Den roh marinierten Spargel mit der Wasabirauke vorsichtig vermengen. In Streifen in der Tellermitte anrichten, den Hamachi sowie Pulpo darauflegen, mit Wiesenkräutern dekorieren und die Sojareduktion in Punkten danebensetzen.

FÜR 4 PERSONEN:

HAMACHI UND PULPO:
400 g Hamachifilet, frisch
500 g Pulpo, frisch
500 g Spargel, weiß
150 g Spargel, wild
100 g Wasabirauke

SOJAREDUKTION:
100 g Zucker
500 ml Sojasauce (Kikkoman)
150 g Trauben, dunkel und kernlos
3 Ingwerscheiben
100 ml Ketjap Manis
2 Stg. Koriander

VINAIGRETTE FÜR DEN ROH MARINIERTEN SPARGEL:
1 Chilischote
Salz, Pfeffer
Spargelfond
1 Msp. Wasabi
1 EL Honig
Olivenöl

» WEINEMPFEHLUNG:
2009 AVANTHIA GODELLO
Jorge Ordoñez
Valdeorras, Spanien

Sehr dezente Holznoten, eine große Ladung von reifen exotischen Früchte wie Mango und Papaya und eine Spur Zitrus.
www.jorgeordonez.es

» PROFITIPP:
Den Pulpo 6 Stunden simmern lassen und 1 bis 2 Champagnerkorken ins Wasser geben, damit er schön weich wird.
Rico Franke, Küchenchef

SCHWIERIGKEITSGRAD: SCHWER | **ZUBEREITUNGSZEIT:** 6 STUNDEN

STEINBUTT

ERBSENPÜREE, MÖHRE, MORCHEL, KNOCHENMARK, BRIOCHE UND KAFFEE

STEINBUTT: Den Steinbutt in 4 schöne Stücke schneiden. Danach in Knochenmarkfett und Butter langsam glasig braten. Das Knochenmark im Ofen bei 180 °C 6 Minuten auslassen. Die Möhren putzen, das Möhrengrün zupfen und den Möhrensaft mit Kaffeebohnen aromatisieren. Die Möhren sous-vide bei 90 °C 35 Minuten im Saft garen. Die Erbsen blanchieren, mit Doppelsahne, Butter und Salz abschmecken und alles zusammen in einer Pacojet-Dose einfrieren. 24 Stunden gefrieren lassen und zum Servieren warm rühren. Aus den Markknochen eine Grundsauce herstellen. Die Morcheln putzen und in der heißen Grundsauce einwecken. Den Espresso in eine Sprühflasche füllen.

BRIOCHE: Hefe, Milch, Mehl sowie Zucker verrühren und 20 Minuten gehen lassen. Mehl, Butter, Salz und aufgeschlagene Eigelbe vermengen und 25 Minuten gehen lassen. Alles zusammengeben und bei 175 °C 35 Minuten backen. In Stücke zupfen und mit dem Steinbutt knusprig braten.

ANRICHTEN: Das Erbsenpüree in die Mitte des Tellers geben und mit einer Palette glatt streichen. Den Steinbutt darauf platzieren, das Knochenmark auf den Steinbutt setzen und mit feinen Schnittlauchstreifen dekorieren. Eine Möhre in 3 Stücke schneiden und mit 3 Stück Brioche anrichten. Den Morcheljus nappieren und mit Kaffee besprühen.

FÜR 4 PERSONEN:

STEINBUTT:
600 g Steinbutt
4 Stk. Knochenmark, à 100 g
3 Möhren
500 g Erbsen
100 g Doppelsahne
30 g Butter
18 g Salz
100 g Morcheln
1 Espresso, frisch
200 ml Möhrensaft
15 Kaffeebohnen

BRIOCHE:
21 g Hefe
125 ml Milch
30 g Zucker
250 g Mehl
100 g Butter
7 g Salz
5 Eigelb
Schnittlauch

» WEINEMPFEHLUNG:
PINOT NOIR "R" SPIELMANN 2009
Alte Grafschaft
Franken

Ein feines Bukett von Hagebutte, dunklen reifen Beeren, Kirschen und frischem Leder, gepaart mit Gewürzen wie Nelken, Wacholder und Pfeffer.
www.altegrafschaft.de

» PROFITIPP:
Beim Steinbutt immer wilde Ware beim Fischhändler des Vertrauens kaufen.
Rico Franke, Küchenchef

SCHWIERIGKEITSGRAD: MITTEL | **ZUBEREITUNGSZEIT:** 4 STUNDEN

AVOCADO UND MELONE

PASSIONSFRUCHTJELLY, PASSIONSFRUCHTSAUCE, AVOCADO-CREME, BAISERNIPPEL, BASILIKUMCRUMBLE, CRÈME-FRAÎCHE-SORBET

FÜR 4 PERSONEN:

AVOCADOWÜRFEL:
1 Avocado, 1 Zitrone, Saft
50 ml Läuterzucker, 10 ml Avocadoöl
1 Msp. Haco Weiß

HONIGMELONENWÜRFEL:
1 Melone, 25 ml Balsamico bianco
25 ml Choja, 10 ml Hinode Houmirin
25 g Honig

PASSIONSFRUCHTJELLYWÜRFEL:
500 g Passionsfruchtpüree
50 g Zucker, 9 Bl. Gelatine

PASSIONSFRUCHTSAUCE:
200 ml Passionsfruchtpüree
½ Zitrone, Saft, 30 g Zucker
9 g Xantana

AVOCADOCREME:
1 Avocado, reif, ½ Zitrone, Saft
50 ml Läuterzucker
1 Msp. Haco Weiß

BAISERNIPPEL:
100 ml Eiweiß, 10 g Albumin
300 g Zucker, 100 ml Wasser

BASILIKUMCRUMBLE:
100 Butter
1 Bd. Basilikum, blanchiert und gehackt
150 g Zucker, 150 g Mehl

CRÈME-FRAÎCHE-SORBET:
440 ml Mineralwasser
500 g Glucose
50 g Milchpulver
350 g Zucker
400 g Crème fraîche
2 Zitronen, Saft

AVOCADOWÜRFEL: Die Avocado in 1 x 1 Zentimeter große Würfel schneiden und mit den restlichen Zutaten die Avacodowürfel marinieren.

HONIGMELONENWÜRFEL: Die Melone in 1 x 1 Zentimeter große Würfel schneiden. Die restlichen Zutaten kurz aufkochen, mit den Würfeln vakuumieren und marinieren lassen.

PASSIONSFRUCHTJELLYWÜRFEL: Das Passionsfruchtpüree mit Zucker aufkochen. Die eingeweichte Gelatine dazugeben, in eine Form gießen und kalt stellen.

PASSIONSFRUCHTSAUCE: Das Passionsfruchtpüree mit Zitronensaft sowie Zucker verrühren und mit Xantana binden. Beiseitestellen.

AVOCADOCREME: Die Avocado in Würfel schneiden, mit Zitronensaft, Haco Weiß sowie Läuterzucker mixen und in eine Spritzflasche füllen.

BAISERNIPPEL: Das Eiweiß leicht aufschlagen. Wasser auf 117 °C aufkochen, den Zucker und das Albumin zum Eiweiß geben und aufschlagen. Die Masse kalt schlagen, mit einer Lochtülle aufdressieren und im Ofen bei 50 °C für 24 Stunden trocknen. Trocken lagern.

BASILIKUMCRUMBLE: Den Basilikum blanchiert und gehackt mit der Butter aufschlagen. Die Basilikumbutter, den Zucker sowie das Mehl zum Crumble durchkneten und bei 180 °C für 10 bis 15 Minuten ausbacken.

CRÈME-FRAÎCHE-SORBET: Das Mineralwasser aufkochen. Danach alles gut durchmixen und 24 Stunden ruhen lassen. Dann in der Eismaschine gefrieren lassen.

» WEINEMPFEHLUNG:

RIESLING AUSLESE 2011
Georg Breuer
Rheingau

Frischer Duft von jungen Aprikosen und Passionsfrucht. Lebendige Säure. Im Mund reife Früchte, Steinobst, Honig, würzig, cremig, sehr zugänglich.
www.georg-breuer.com

» PROFITIPP:

Immer reife und wohlschmeckende Avocados verwenden. Am besten immer ready to eat kaufen.
Rico Franke, Küchenchef

VIEL PLATZ FÜR FANTASIE: IM SCHMALSTEN RESTAURANT FRANKFURTS ZELEBRIERT DAS TEAM VOM **SEVEN SWANS** DIE WOHL BREITESTE GESCHMACKSPALETTE.

GUTE LAUNE KÜCHE

Soulige Musik hört man bereits im Aufzug, wenn man sich an Frankfurts originellster Adresse auf dem Weg in den fünften Stock macht. Ziel der kulinarischen Himmelsfahrt: die oberste Etage im „Seven Swans", wo die fröhliche Küchenmannschaft bereits mitten in den Vorbereitungen steckt und die tagesfrischen Gerichte vorbereitet. Von hier aus hat sich das Restaurant mittlerweile auf weitere zwei Etagen ausgebreitet. Maximal 30 Gäste finden im neu gestalteten „Seven Swans" Platz und diese werden in intimer Atmosphäre charmant umsorgt. Saisonale Gerichte dominieren die Speisekarte des einzigartigen Etablissements. Alles wird mit frischen Zutaten aus der Region zubereitet, schließlich gibt es im schmalsten Haus Frankfurts keinen Lagerraum. Kurz: die wohl spannendste und abgefahrenste Location seit Langem.

KREATIV AUF **WENIGEN QUADRATMETERN**

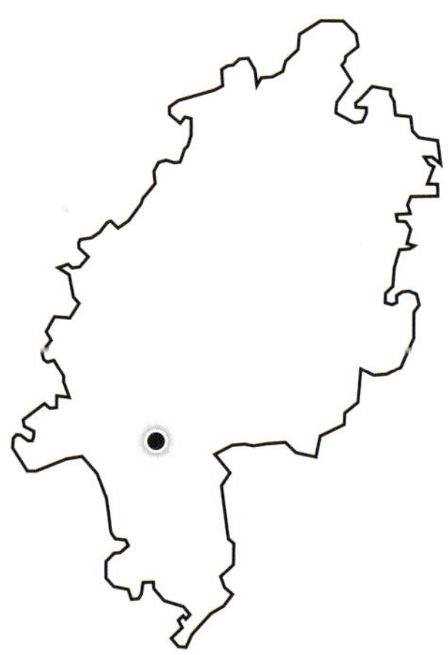

Seven Swans
Mainkai 4
D-60311 Frankfurt am Main
Tel.: +49 (0) 69/21 99 62 26
E-Mail: service@sevenswans.de
www.sevenswans.de

Leicht, frisch und harmonisch: So könnte man die Kreationen im „Seven Swans" bezeichnen, doch kommen sie auch nicht zu luftig daher! Vielmehr präsentiert das Schwanen-Team eine kräftige, weil geschmacksintensive Küche. Die Produkte stehen dabei stets im Vordergrund und stammen wenn möglich auch aus der Region. Das Gemüse etwa wächst auf den Braumannswiesen in Bad Homburg. Dort wurde ein landwirtschaftliches Projekt nach den Richtlinien der Permakultur initiiert, von dem man für das monatlich wechselnde Menü die saisonalen Zutaten bezieht. Zusätzlich zum Tagesmenü wird immer eine vegetarische Variante angeboten und dazu gibt es eine kleine Auswahl an Weinen. Und neben allen kulinarischen Eindrücken die Krönung: Der Blick aus dem Panoramafenster ist nicht nur für Frankfurter ein erhebender Moment.

SCHWIERIGKEITSGRAD: LEICHT | **ZUBEREITUNGSZEIT:** 1 ½ STUNDEN

BUNTE TOMATEN

MIT SARDINEN, KNOBLAUCHBLÜTEN UND MOJO ROJO

TOMATENSALAT: Die bunten Tomaten in feine Scheiben schneiden und mit einer Vinaigrette aus Olivenöl, Rotweinessig, Olivenmeersalz, schwarzem Pfeffer, Schnittlauch und roten Zwiebelringen marinieren.

SARDINENSANDWICH: Die Sardinen von Schuppen und Mittelgräte befreien. Die Filets auf eine Länge kürzen und zwischen 2 bis 3 Millimeter dünne Weißbrotscheiben legen, in eine rechteckige Form bringen und kalt stellen. Vor dem Servieren das Sardinensandwich in einer Pfanne mit Olivenöl und einer angedrückten Knoblauchzehe goldbraun braten. Mit einem Tuch das überschüssige Öl abtupfen. Mit Zitronensaft, Fleur de Sel und frischem schwarzem Pfeffer würzen und heiß servieren.

MOJO ROJO: Alle Zutaten in einen Mixer geben und fein pürieren. Die Mojo schmeckt am besten, wenn sie einige Stunden durchziehen kann. Sie wird kalt serviert.

FRITTIERTE KAPERN: Die Kapern abspülen, gut trocknen und in heißem Fett frittieren, bis sie knusprig sind.

KNOBLAUCHBLÜTEN: Nach dem Pflücken in einem geschlossenen Gefäß mit feuchtem Tuch aufbewahren.

ANRICHTEN: Den Tomatensalat auf einem flachen Teller anrichten und das Sardinenbrot daraufsetzen. Die frittierten Kapern und die Knoblauchblüten darüberstreuen. Die Mojo in einer kleinen Schale anbei servieren.

FÜR 4 PERSONEN:

TOMATENSALAT:
12 Tomaten, klein und bunt
50 ml Rotweinessig
150 ml Olivenöl
Olivenmeersalz
Pfeffer, schwarz, aus der Mühle
Schnittlauch
1 Zwiebel, rot

SARDINENSANDWICH:
16 Sardinenfilets, geputzt
16 Weißbrotscheiben, dünn aufgeschnitten, feinporig
½ Zitrone
Fleur de Sel, Öl, Knoblauch
Pfeffer, schwarz, aus der Mühle

MOJO ROJO:
1 Paprikaschote, rot
1 Chili, mittelscharf
½ Tomate, rot
½ Knoblauchzehe
1 EL Weißbrotkrumen
1 Prise Paprikapulver
1 Prise Kreuzkümmel, geröstet und gemahlen
1 Prise Meersalz
1 EL Weißweinessig
4 EL Olivenöl

FRITTIERTE KAPERN:
2 EL Kapern
Pflanzenöl, hoch erhitzbar

KNOBLAUCHBLÜTEN:
Knoblauchblüten

» WEINEMPFEHLUNG:
PINOT BLANC 2012
Albert Boxler
Elsass

Großartige duftige Aromen, floral und reif mit viel Charakter, Länge und Schmelz.

» PROFITIPP:
Am besten eignen sich Kapern, die in Meersalz konserviert wurden. Mehrmals gut wässern, damit sie nach dem Frittieren nicht zu salzig sind.
Kimberley Unser, Küchenchefin

SCHWIERIGKEITSGRAD: MITTEL | **ZUBEREITUNGSZEIT:** 2 STUNDEN

SCHWARZWURZEL MIT TRÜFFEL

ONSEN-EI UND SCHWARZEN OLIVEN

SCHWARZWURZELPÜREE: Die Schwarzwurzeln mit Einweghandschuhen schälen und bis zur Weiterverarbeitung in Zitronenwasser legen. Dann in etwas gesalzenem Wasser mit Milch und Zitronensaft gar kochen, abgießen und mit einem Schuss Sahne und einer Flocke Butter, gegebenenfalls noch mit einer Prise Salz und etwas weißem Pfeffer fein pürieren.

TRÜFFELHOLLANDAISE: Den Weißwein, den weißen Pfeffer, den Lorbeer, die Nelke und die Schalottenringe zu 60 Milliliter Reduktion einkochen. Die Trüffelabschnitte mit Butter aufkochen, bis sich ein intensives Trüffelaroma entwickelt. Das Eigelb und die Weißweinreduktion auf dem Wasserbad aufschlagen und die geschmolzene Trüffelbutter langsam einrühren. Mit Meersalz und weißem Pfeffer abschmecken. Warm servieren.

ONSEN-EI: Die Eier in 68 °C heißem Wasser bei Dampf im Ofen mindestens 50 Minuten ziehen lassen.

GETROCKNETE OLIVEN: Die Oliven abtropfen und bei 70 °C mehrere Stunden im Ofen trocknen.

KNUSPRIGE SCHWARZWURZELN: Die Schwarzwurzeln mit einem Sparschäler längs herunterschälen. Auf einem Tuch abtupfen und im heißen Öl frittieren, bis keine Bläschen mehr aufsteigen und die Schwarzwurzelbänder eine goldbraune Farbe haben. Herausnehmen, abtropfen und leicht salzen.

ANRICHTEN: Das Schwarzwurzelpüree erhitzen und 1 Esslöffel in der Mitte eines tiefen Tellers anrichten. Das Onsen-Ei aus dem Wasserbad holen, vorsichtig aufschlagen und aus der Schale lösen. Auf das Püree setzen. Die Trüffelhollandaise auf das Ei geben, darauf die getrockneten Oliven und die knusprigen Schwarzwurzeln anrichten. Direkt servieren.

FÜR 4 PERSONEN:

SCHWARZWURZELPÜREE:
4 Stg. Schwarzwurzel
50 ml Milch
½ Zitrone
2 EL Sahne
1 TL Butter
Meersalz
Pfeffer, weiß

TRÜFFELHOLLANDAISE:
2 Eigelb
Trüffel, schwarz oder weiß, je nach Saison und Verfügbarkeit
Meersalz
300 ml Weißwein
Pfeffer, weiß
Lorbeer
Nelke
200 g Butter
1 Schalotte

ONSEN-EI:
4 Bio-Eier, raumtemperiert

GETROCKNETE OLIVEN:
Oliven, schwarz

KNUSPRIGE SCHWARZWURZELN:
1 Stg. Schwarzwurzel
Pflanzenöl, hoch erhitzbar
Salz

» WEINEMPFEHLUNG:
AMARANTO SANGIOVESE 2012
Podere San Cristoforo
Maremma, Toskana

Der Geschmack ist trocken mit angenehmem Tannin, mittlerem Körper und einem fruchtigen Nachgeschmack.

www.poderesancristoforo.it

» PROFITIPP:
Am besten legt man den Trüffel in Reiskörner und bewahrt beides in einem luftdicht verschlossenen Gefäß auf.
Kimberley Unser, Küchenchefin

SCHWIERIGKEITSGRAD: MITTEL | **ZUBEREITUNGSZEIT:** 3 STUNDEN

SEVEN SWANS' PFIRSICH MELBA

MIT ZITRONENVERBENE UND BELLINI

FÜR 4 PERSONEN:

POCHIERTER PFIRSICH:
2 Pfirsiche
400 ml Wasser, 80 g Zucker
Vanille, 200 ml Weißwein
1 Schuss Weinbergpfirsichbrand, rot

ZITRONENVERBENE-SAHNE:
300 ml Sahne
1 Bd. Zitronenverbene
1 Prise Zucker

HIMBEERSORBET:
300 g Himbeeren
90 g Zucker
1 EL Glucose, 80 ml Wasser
5 ml Zitronensaft
1 Schuss Himbeergeist

VANILLEEIS:
150 ml Sahne, 150 ml Milch
110 g Zucker, ½ Vanilleschote
3 Eigelb

HIMBEERSAUCE:
100 g Himbeeren
20 g Zucker
1 Schuss Himbeergeist

WAFFELTEIG:
125 g Mehl
50 g Butter, geklärt
60 ml Milch
60 g Zucker
1 TL Mondamin
1 Ei
Vanille
Zitronenabrieb

BELLINI:
100 ml Sekt
1 Pfirsich
1 EL Läuterzucker

POCHIERTER PFIRSICH: Den Sud aus Wasser, Weißwein, Zucker, Vanille und Weinbergpfirsichbrand einmal aufkochen und den halbierten und entkernten Pfirsich darin bei niedriger Temperatur ziehen lassen, bis sich die Haut ablösen lässt. Am besten über Nacht im Gewürzsud ziehen lassen.

ZITRONENVERBENE-SAHNE: Die Sahne über Nacht mit der angestoßenen Zitronenverbene ziehen lassen und am nächsten Tag mit etwas Zucker steif schlagen und direkt servieren.

HIMBEERSORBET: Himbeeren pürieren und durch ein Sieb passieren. Aus Wasser, Zucker, Glucose und Himbeergeist einen Sirup herstellen, mit dem Himbeermark vermengen und mit Zitronensaft abschmecken. In einem Behälter oder einer Eismaschine frieren.

VANILLEEIS: Sahne und Milch mit dem Vanillemark und der ausgekratzten Vanilleschote erhitzen und abgedeckt ziehen lassen, anschließend passieren. Die Eigelbe mit dem Zucker auf dem Wasserbad aufschlagen. Die Sahne-Milch-Mischung erneut erhitzen und mit dem schaumig geschlagenen Eigelb auf dem Wasserbad aufschlagen, bis die Masse anfängt anzudicken. Umfüllen und in einem Behälter oder einer Eismaschine frieren.

HIMBEERSAUCE: Himbeeren mit Zucker und Himbeergeist pürieren, durch ein Sieb streichen und kalt stellen.

WAFFELTEIG: Alle Zutaten miteinander verrühren. Den Teig 1 Stunde lang kalt stellen und dann in einem Waffeleisen ausbacken.

BELLINI: Den Pfirsich pürieren und passieren. Mit Läuterzucker abschmecken und mit Sekt vorsichtig auffüllen.

» WEINEMPFEHLUNG:
RIESLING FORSTER UNGEHEUER SPÄTLESE EDELSÜSS 2012
Siben Erben
Pfalz

Vielschichtige Mineralität, saftig und ungemein stoffig, kräuterwürzig mit einer feinen Säure.
www.siben-weingut.de

» PROFITIPP:
Bei nicht vorhandener Eismaschine das Eis eine halbe Stunde vor dem Servieren zum Auftauen in den Kühlschrank stellen.
Kimberley Unser, Küchenchefin

AUS ALT MACH NEU:
TIMO SCHRÖDER ZEIGT IN DER
SONNE STUBEN IM HOTEL SONNE
FRANKENBERG, WARUM REGIONALE
KÜCHE AM PULS DER ZEIT IST.

KREATIVER STRAHLEMANN

Gutbürgerliche Küche gehobener Machart" lautet das Credo von „Sonne Stuben"-Küchenchef Timo Schröder. Das hört sich im ersten Moment vielleicht eher nüchtern an, entpuppt sich aber in weiterer Folge als massives Understatement. Schröder legt vor allem Wert auf frische Zutaten direkt aus dem umliegenden Ederbergland und verwandelt diese ohne großen Firlefanz in sagenhaft leckere Kreationen. In der „Sonne Stuben" werden Tradition und Qualität in puncto Service und Speisen großgeschrieben. Doch dem nicht genug, verwöhnt Timo Schröder neben den Gästen der „Sonne Stuben" auch die des „Bistros Philippo", des „StadtWeinKellers" sowie des „Sonne Cafés" mit neuen Kreationen. Mit großer Leidenschaft setzt er dabei seine moderne regionale Küche um und interpretiert sie immer wieder neu.

IN DER RUHE **LIEGT DIE KRAFT**

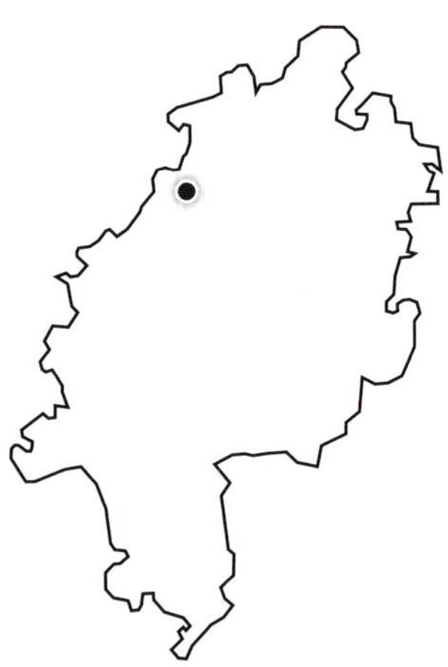

Sonne Stuben
Marktplatz 2–4
D-35066 Frankenberg/Eder
Tel.: +49 (0) 64 51/75 00
E-Mail: info@sonne-frankenberg.de
www.sonne-frankenberg.de

Mitten in der Altstadt Frankenbergs mit ihren original erhaltenen Fachwerkhäusern interpretiert „Sonne Stuben"-Küchenchef Timo Schröder alte Rezepte neu und wurde dafür im Dezember 2013 auch mit dem „Bib Gourmand" ausgezeichnet. Stress lässt sich der talentierte Koch dabei jedoch in keiner Sekunde anmerken, aber kein Wunder, sammelte er im Laufe seiner Karriere doch Erfahrungen an den besten Adressen rund um den Globus. Vor seinem Engagement in Frankenberg arbeitete er in verschiedenen Positionen in den Restaurants des Hotels „Fährhaus" auf Sylt: zuletzt als Küchenchef der Restaurants „Käpt'n Selmer Stube", „Vinothek" und „Mara Sand". Zuvor ging er den Weg, den alle Köche gehen, die sich weiterentwickeln wollen: auf Wanderschaft. Lehrjahre, die man noch heute in seinen Kreationen schmecken kann.

SCHWIERIGKEITSGRAD: MITTEL | **ZUBEREITUNGSZEIT:** 1½ STUNDEN

WEISSER TOMATENSCHAUM

MIT LAUWARMEM TOMATENPERLSÜPPCHEN, GEBACKENEM RÖLLCHEN VON SAIBLING UND BACHFORELLE

WEISSER TOMATENSCHAUM: Die Tomaten vierteln und mit Honig, Essig, Limonensaft, Gin, Salz und Pfeffer im Mixer zerkleinern. In einem Passiertuch über Nacht abtropfen lassen. Die Menge sollte 250 Milliliter ergeben. Den Fond am nächsten Tag nochmals abschmecken, leicht erwärmen und die in Wasser eingeweichte Gelatine zufügen. Den Tomatenfond in eine Schüssel gießen und mit einem Schneebesen auf einem Wasserbad bei 80 °C erst warm aufschlagen und dann auf Eiswürfeln kalt schaumig schlagen. Die Masse sollte schön luftig sein. Mit einem Spritzbeutel die Masse in gekühlte Gläser bis zur Hälfte einfüllen.

TOMATENPERLSÜPPCHEN: Für das Süppchen Olivenöl, Essig, Zucker, Knoblauch, Schalotten und Tomatensaft verrühren. Tomatenperlen dazugeben und langsam erhitzen, ohne zu kochen. Mit Salz und Pfeffer würzen, Kräuter unterrühren und warm halten.

GEBACKENE RÖLLCHEN VON SAIBLING UND BACHFORELLE: Die Filets entgräten und von der Haut befreien. Mit Zitronensaft, Salz und Pfeffer würzen. Die Forellenfilets mit den Spinatblättern belegen, bis sie ganz bedeckt sind. Das Saiblingsfilet darauflegen und zu einem Röllchen zusammenrollen. Nun beide Röllchen in Mehl, Ei und Pankomehl panieren und mittig mit dem Fleischerband zusammenbinden, damit sich das Röllchen beim Frittieren nicht wieder aufdreht. Anschließend das Röllchen bei 170 °C für 4 Minuten frittieren.

ANRICHTEN: Die vorbereiteten Gläser mit dem Tomatenschaum aus dem Kühlschrank nehmen und 3 Esslöffel vom lauwarmen Tomatenperlsüppchen in die Gläser füllen. Die gebackenen Röllchen von der Schnur befreien und mit einem scharfen Messer in 2 x 4 Zentimeter große Scheiben schneiden. Die Gläser auf einen Teller stellen und in jedes Glas 2 Scheiben von den gebackenen Röllchen hineingeben.

FÜR 4 PERSONEN:

WEISSER TOMATENSCHAUM:
12 Strauchtomaten, sonnengereift
1 EL Honig
10 ml Tomatenessig
5 ml Gin
5 ml Limonensaft
4 Bl. Gelatine
Salz, Pfeffer aus der Mühle

TOMATENPERLSÜPPCHEN:
150 g Tomatenperlen
50 ml Olivenöl, Extra Vergine
25 ml Weißweinessig
20 g Zucker
250 ml Tomatensaft
½ Knoblauchzehe, fein gewürfelt
1 Schalotte, fein gewürfelt
je ¼ TL Rosmarin, fein geschnitten, und Thymian, gezupft
je ¼ TL Korianderblätter, Basilikum, in feine Streifen geschnitten
Salz, Pfeffer

GEBACKENE RÖLLCHEN VON SAIBLING UND BACHFORELLE:
2 Saiblingsfilets, à 80 g
2 Bachforellenfilets, à 80 g
30 g Blattspinat, blanchiert und in Eiswasser abgeschreckt
1 Ei, verrührt
100 g Mehl
100 g Pankomehl
1 Zitrone
1 l Pflanzenöl zum Frittieren
Salz, Pfeffer
1 Meter Fleischerband

» WEINEMPFEHLUNG:
2012 SILVANER ESCHERNDORFER LUMP „S." TROCKEN
Weingut Horst Sauer
Franken

Überzeugt durch einzigartige Mineralität, Blüten-, Kräuter- und Weißes-Steinobst-Noten.
www.weingut-horst-sauer.de

» PROFITIPP:
Falls Sie keine Tomatenperlen bekommen, können Sie auch kleine, vollreife Kirschtomaten verwenden. Die können Sie bequem vierteln.
Timo Schröder, Küchenchef

IS

SCHWIERIGKEITSGRAD: MITTEL | **ZUBEREITUNGSZEIT:** 1 ½ STUNDEN

GEBACKENER STRUDEL

VON HESSISCHER BLUT- UND LEBERWURST
AUF APFEL-MEERRETTICH-GEMÜSE UND PREISELBEEREN

STRUDEL: Die Blut- und Leberwurst schälen und längs in 4 gleich dicke Scheiben schneiden. Den Wirsing in dünne Streifen schneiden und im Topf mit etwas Butter anschwitzen. Mit Salz, Pfeffer und Muskat würzen und den gezupften Majoran dazugeben. Den Wirsing auf den 4 Blutwurstscheiben verteilen und die Leberwurst darauflegen, sodass ein Sandwich entsteht. Die 4 Brikteigblätter mit Eigelb bestreichen, die Blut- und Leberwurst darauf platzieren und zu einem Strudel wickeln. Es sollte keine Füllung mehr herausschauen. Anschließend den Strudel in einer Pfanne von allen Seiten knusprig braten und im Ofen bei 170 °C für 5 Minuten garen.

APFEL-MEERRETTICH-GEMÜSE: Die Schalotte in feine Würfel schneiden und in einem Topf mit etwas Butter anschwitzen. Mit der Sahne auffüllen und so lange einkochen, bis die Sahne dicklich wird. Mit Salz, Pfeffer sowie Muskat würzen und den geriebenen Meerrettich unterrühren. Den Apfel wie auch die Pellkartoffeln schälen und in 1 x 1 Zentimeter große Würfel schneiden. Anschließend in die Meerrettichsahne geben und erhitzen.

ANRICHTEN: Das Apfel-Meerrettich-Gemüse mittig auf einen Teller geben. Den Strudel schräg halbieren und auf dem Gemüse anrichten. Die Preiselbeeren außen um das Gemüse verteilen und mit der Gartenkresse verzieren.

FÜR 4 PERSONEN:

STRUDEL:
400 g Blutwurst, gerades Stück
400 g Leberwurst, gerades Stück
8 Wirsingblätter, groß
1 Eigelb, verrührt
4 Stk. Brikteig
1 Stg. Majoran, frisch
etwas Butter, Salz, Pfeffer, Muskat
etwas Rapsöl

APFEL-MEERRETTICH-GEMÜSE:
1 Apfel, säuerlich
2 Pellkartoffeln, groß, gekocht
100 g Meerrettich, frisch gerieben
1 Schalotte
150 ml Sahne
Preiselbeeren, kalt gerührt
Salz, Pfeffer, Muskat, etwas Butter

ANRICHTEN:
1 Schale Gartenkresse

» WEINEMPFEHLUNG:
2005 RIOJA CRIANZA „VIÑA CUBILLO"
Bodegas R. López de Heredia
Viña Tondonia
Rioja, Spanien

Die rauchig-speckigen Noten, dazu Noten von Schattenmorellen und Schwarztee, geben dem Strudel von Blut- und Leberwurst zusätzliche Würze.
www.lopezdeheredia.com

» PROFITIPP:
Falls Sie keinen Brikteig zur Verfügung haben, können Sie auch Frühlingsrollenteig verwenden.
Timo Schröder, Küchenchef

SCHWIERIGKEITSGRAD: LEICHT | **ZUBEREITUNGSZEIT:** 1 ½ STUNDEN

FILET VOM EDERSEE-ZANDER

AUF RAHMKRAUT MIT TRAUBEN UND SPECKCROÛTONS

RAHMKRAUT: Die geschälte Zwiebel und den Apfel fein würfeln und in etwas Rapsöl anschwitzen. Zum abgetropften Sauerkraut Lorbeerblatt und Wacholderbeeren dazugeben. Mit der Sahne aufgießen und mit Salz, Pfeffer und etwas Zucker abschmecken und 20 Minuten bei wenig Hitze dünsten. Zum Schluss den Schmand dazugeben.

SPECK UND CROÛTONS: Den gefrorenen Speck fein würfeln und in etwas Öl knusprig braten. Anschließend auf einem Küchenpapier abtropfen lassen. Den Toast ebenfalls würfeln und in Butter goldbraun rösten. Die Croûtons genau wie den Speck auf einem Küchenpapier abtropfen lassen. Die 4 zusätzlichen Scheiben Speck kross braten und abtropfen lassen.

TRAUBEN: Die Trauben waschen, halbieren und entkernen. Den Zucker in einem Topf hell karamellisieren und mit dem Traubensaft ablöschen. Dann den geschälten und fein gewürfelten Ingwer dazugeben. Den Traubensaft um ein Drittel reduzieren lassen. Mit etwas angerührter Stärke abbinden, zum Schluss die Trauben dazugeben. Nun nicht mehr aufkochen.

ZANDER: Die Filets mit Zitrone beträufeln und danach mit Salz und Pfeffer würzen. Nun die Filets in einer beschichteten Pfanne auf der Hautseite knusprig braten.

ANRICHTEN: Das Rahmkraut in die Mitte des Tellers geben. Die Speck- und Brotwürfel um das Kraut verteilen, die Trauben ebenfalls um das Kraut geben. Zum Schluss den Zander auf das Rahmkraut setzen. Mit einer krossen Scheibe Speck garnieren.

FÜR 4 PERSONEN:

RAHMKRAUT:
1 Zwiebel, klein
½ Apfel, säuerlich
450 g Sauerkraut
1 Lorbeerblatt
Wacholderbeeren
100 ml Sahne
2 EL Schmand
etwas Rapsöl, Salz, Pfeffer, Zucker

SPECK UND CROÛTONS:
6 Speckscheiben, flach gefroren
4 Speckscheiben, zusätzlich, als Garnitur
4 Toastbrotscheiben
Öl
100 g Butter

TRAUBEN:
150 g Trauben, blau
50 g Zucker
200 ml Traubensaft, blau
20 g Ingwer
etwas Stärke zum Abbinden

ZANDER:
4 Zanderfilets, à 160 g, mit Haut, entgrätet
etwas Zitrone, Salz, Pfeffer
Öl

» WEINEMPFEHLUNG:
2011 RIESLING „SCHIEFERTERRASSEN"
Weingut Heymann-Löwenstein
Mosel

Mit einer Saftigkeit von gelbem Weinbergpfirsich und reifem Apfel sowie kühler Schiefernote bietet er auch dem Rahmkraut Paroli.
www.heymann-loewenstein.com

» PROFITIPP:
Damit die Haut beim Zander schön knusprig wird, die Filets auf der Hautseite lange braten. Die Temperatur dafür lieber nicht so hoch wählen.
Timo Schröder, Küchenchef

DENNIS MAIER SETZT IM **SRA BUA BY JUAN AMADOR** IM KEMPINSKI HOTEL FRANKFURT GRAVENBRUCH DIE PHILOSOPHIE DES DREISTERNERS PERFEKT UM UND BRINGT AUCH SEINEN EIGENEN GENIUS INS SPIEL.

HÜTER EINER ANDEREN WELT

Es war ein Paukenschlag, als bekannt wurde, dass niemand Geringerer als Juan Amador im „Sra Bua" im „Hotel Kempinski" in Gravenbruch bei Frankfurt Pate steht. Doch wer glaubt, dass Amador dafür einfach nur seinen Namen hergibt, irrt: Der international bekannte 3-Sterne-Koch konzipiert Gerichte mit, segnet den Großteil ab und stellt somit mehr dar als nur ein werbeträchtiges Posterchild des Restaurants. Doch das „Sra Bua" hat natürlich auch einen eigenen Küchenchef: Dennis Maier, der nach einigen Stationen zuletzt im „Restaurant Freundstück" des „Ketschauer Hofs" in Deidesheim sowie davor in Juan Amadors Hauptrestaurant in Mannheim tätig war, ist der Garant dafür, dass die hohen Qualitätsstandards auf Amador-Niveau gehalten werden. Das Ergebnis: asiatische Cross-over-Küche mit hochwertigen europäischen Produkten.

Dennis Maier

ZUSAMMENSTOSS **DER KULTUREN**

Sra Bua by Juan Amador im Kempinski Hotel Frankfurt Gravenbruch
Graf-zu-Ysenburg-und-Büdingen-Platz 1
D-63263 Neu-Isenburg
Tel.: +49 (0) 69/389 88 0
E-Mail: srabua.frankfurt@kempinski.com
www.kempinski.com/de/frankfurt/hotel-gravenbruch

Ich liebe die Produktvielfalt und Frische der asiatischen Küche, das Zusammenspiel der Aromen und die schier unendliche kulinarische Vielfalt eines ganzen Kontinents", erklärt „Sra Bua by Juan Amador"-Küchenchef Dennis Maier seine Leidenschaft zur fernöstlichen Cuisine. „Sra Bua" ist dabei für Maier eine Einstellung, eine Vision. Ziel ist es, die Gäste mit einer bisher vollkommen unbekannten Kulinarik zu überraschen und neue Akzente zu setzen. Eine Kombination aus Europas Haute Cuisine und der Esskultur Asiens kommt dabei zustande. Das Ambiente im stylishen Restaurant präsentiert sich ausgesprochen harmonisch und strahlt eine extreme Gelassenheit und Ruhe aus. Perfekt in Szene gesetzte Eyecatcher sind Figuren, die denen der berühmten chinesischen Terrakotta-Armee nachgebildet wurden.

SCHWIERIGKEITSGRAD: MITTEL | **ZUBEREITUNGSZEIT:** 3 STUNDEN

JAKOBSMUSCHEL

GURKE/ALGE/MEERRETTICH

FÜR 4 PERSONEN:

TOMATENNAGE:
300 ml Tomatenwasser
1 Stg. Zitronengras, Maldonsalz
25 g Ingwer, 1 Schalotte, Pfeilwurzelstärke
10 ml Forum-Chardonnay-Essig
Chiliöl, Olivenöl, 20 ml Sushi-Essig

MARINADE FÜR DIE ROHE JAKOBSMUSCHEL:
4 Muscheln, roh aufgeschnitten
3 Scheiben aus einer Muschel
10 ml Limettensaft
20 ml Sushi-Essig, Salz
10 ml Sweet-Chili-Sauce, passiert
10 ml Sesamöl, geröstet

MARINADE FÜR DEN RETTICH:
100 ml Tomatenwasser
50 ml Forum-Chardonnay-Essig
Salz, Zucker, Olivenöl
12 Rettichscheiben, weiß

TOMATENGEL:
500 ml Tomatenwasser, Salz, Zucker
6½ g Agar-Agar, 1 Bl. Gelatine

TOMATENGELEE:
200 ml Tomatennage, 3 g Agar-Agar
½ Bl. Gelatine

MALTODEXTRIN:
2 EL Malto, ½ TL Zitronenöl
½ TL Olivenöl, ¼ TL Tomatenkernöl
Maldonsalz, Chiliflocken

CASHEWKERNE:
Cashewkerne

GEBRATENE JAKOBSMUSCHEL:
4 Jakobsmuscheln, Olivenöl
Butter, Chiliöl, Maldonsalz

HALB GETROCKNETE TOMATEN:
10 Cherry-Strauchtomaten
Olivenöl, Puderzucker

KAKI:
Kaki, Olivenöl, Limettensaft

TOMATENNAGE: Schalotten, Zitronengras und Ingwer in Olivenöl anschwitzen. Mit Forum- und Sushi-Essig ablöschen und reduzieren. Tomatenwasser dazugeben, erneut reduzieren und mit Maldonsalz abschmecken. Durch ein Strumpfsieb passieren. Mit Pfeilwurzelstärke abbinden, à la minute einen Schuss Chili- und Olivenöl dazugeben.

MARINADE FÜR DIE ROHE JAKOBSMUSCHEL: Die Muschelscheiben 3 Minuten in die Marinade einlegen. Abtropfen und mit Maldonsalz würzen.

MARINADE FÜR DEN RETTICH: Jeweils 2 dünn geschnittene Scheiben Rettich pro Portion 1 Minute vor dem Anrichten marinieren.

TOMATENGEL: Die Gelatine in Eiswasser einweichen und das Tomatenwasser mit Salz und Zucker abschmecken. Mit Agar-Agar aufkochen und die Gelatine unter die warme Masse rühren. Auf ein Blech gießen, 1 Stunde kalt stellen und im Thermomix bei 37 °C zerschlagen.

TOMATENGELEE: Die Gelatine in Eiswasser einweichen und die Tomatennage mit dem Agar-Agar mindestens 3 Minuten kochen. Die Gelatine ausdrücken und in den warmen Fond geben, bis sie sich aufgelöst hat. Die warme Masse sehr dünn auf ein vorgeheiztes Tablett gießen und kalt stellen. Rund ausstechen.

MALTODEXTRIN: Alle Zutaten vermengen.

CASHEWKERNE: Die Cashewkerne im Ofen rösten und klein hacken.

GEBRATENE JAKOBSMUSCHEL: Die Muschel 1 Minute von beiden Seiten scharf anbraten. Eine ½ Minute unter den Salamander geben und mit Butter und einem Tropfen Chiliöl arrosieren. Mit Maldonsalz würzen.

HALB GETROCKNETE TOMATEN: Tomaten einschneiden, 20 Sekunden in kochendes Wasser geben und in Eiswasser abschrecken. Die Haut entfernen, halbieren, auf ein mit Olivenöl gefettetes Blech legen und mit Puderzucker leicht bestäuben. Bei 90 °C 1 Stunde trocknen.

KAKI: Die Kaki aufschneiden, ausstechen und mit Olivenöl und Limettensaft bestreichen.

ANRICHTEN: Die roh marinierte Jakobsmuschel, Kaki, Rettich und Tomate in einem tiefen Teller anrichten. Tomatengel und Cashewkerne ebenfalls anrichten. Die gebratene Jakobsmuschel auf den Rettich legen, das Tomatengelee auf die Muschel geben und mit Tomatennage überziehen. Korianderöl tropfenweise dazugeben. Das Maltodextrin ganz zum Schluss auf die gebratene Jakobsmuschel geben.

» WEINEMPFEHLUNG:
2012 SRA BUA SAUVIGNON BLANC
Weingut Weedenbornhof
Rheinhessen

Eine sehr schöne und klare Sortenfrucht in der Nase mit Holunder und reifer gelber Stachelbeere. Am Gaumen saftig, rassige Säure.
www.weedenbornhof.de

» PROFITIPP:
Den Rettich nur kurz marinieren, damit er seinen Biss behält und knackig bleibt.
Dennis Maier, Küchenchef

SCHWIERIGKEITSGRAD: SCHWER | **ZUBEREITUNGSZEIT:** 2 STUNDEN

GÄNSESTOPF-LEBER

SEPIA/MIRIN/GRÜNER PFIRSICH

LEBER: Pökelsalz mit Portwein rosé und Mirin kochen. Die Leber putzen, mit den restlichen Zutaten vermengen und 12 Stunden marinieren. Die marinierte Leber in einen Vakuumbeutel umfüllen und 45 Minuten bei 54 °C im Wasserbad pochieren. Sofort im Eiswasser runterkühlen. Den Vakuumbeutel aus dem Eiswasser nehmen und mit einem Holzlöffel gleichmäßige Schläge ausführen, um die Leber zu emulgieren. Die Masse in einen Kunstdarm füllen und kalt stellen. Zum Anrichten in Scheiben schneiden und rund ausstechen.

SEPIADECKEL: Die Sepiaabschnitte im Pacojet-Becher mit Eiweiß und Salz einsetzen. Die Masse frieren und 2 Mal durchlassen. Durch ein Sieb streichen. 60 Gramm Masse in einen mittleren Vakuumbeutel füllen. Auf 100 Prozent vakuumieren und gleichmäßig ausrollen. Bei 65 °C für 4 Minuten im Wasserbad garen. Erkalten lassen und in der gleichen Größe wie die Gänsestopfleber ausstechen.

SEPIASTREIFEN: Die Sepiatuben putzen und von Haut und Chitinstab befreien. Übereinanderlegen, damit ein Rechteck entsteht. Zurechtschneiden und die Abschnitte für den Sepiadeckel benutzen. Straff in Klarsichtfolie und Aluminiumfolie wickeln und einfrieren. Den gefrorenen Block auf 1,2 Millimeter quer aufschneiden. Die Sepiastreifen à la minute in heißem Olivenöl mit einer Zehe jungem Knoblauch braten. Mit einem Spritzer Limettensaft und Maldonsalz würzen.

MIRINGEL: Die Gelatine in Eiswasser einweichen. Alle Zutaten bis auf die Gelatine mindestens 3 Minuten kochen. Die eingeweichte Gelatine ausdrücken und in den nicht mehr kochenden Fond geben. Die Masse auf ein Blech gießen und 2 Stunden kalt stellen. Die erkaltete Masse im Thermomix bei 37 °C zerschlagen und mit frischem Mirin und Maldonsalz abschmecken.

MIRINSAUCE: Die Schalotten anschwitzen, mit Essig, Mirin und Sake ablöschen und reduzieren. Mit Geflügelfond auffüllen und ebenfalls reduzieren. Die Sauce durch ein Strumpfsieb passieren und à la minute mit dem gereiften Mirin und der gereiften Sojasauce abschmecken.

ANRICHTEN: Den rund ausgestochenen Sepiadeckel auf die rund ausgestochene Leber legen. Mit gefriergetrockneter Zitrone, Maldonsalz, Sansho-Pfeffer, Sepia, abgeflämmten Leberwürfeln, Rucolakresse und marinierten grünen Pfirsichspalten ausgarnieren. Zum Schluss mit gefriergetrockneter Sojasauce bestäuben.

FÜR 4 PERSONEN:

LEBER:
1 Gänsestopfleber
Mirin, Portwein, rose, reduziert
Pökelsalz, Salz, Kunstdarm
Pfeffer, schwarz, aus der Mühle
Cognac, Portwein, rosé

SEPIADECKEL:
52 g Sepia, 8 g Eiweiß
Maldonsalz, Limette, Salz

SEPIASTREIFEN:
4 Sepiatuben
Öl, Knoblauch

MIRINGEL:
50 ml Mirin, 60 ml Sake
40 ml Reisessig, 250 ml Wasser
6 g Agar-Agar, 1 Bl. Gelatine
Maldonsalz

MIRINSAUCE:
200 g Schalotten, brunoise
150 ml Mirin
75 ml Portwein, weiß
15 ml Forum-Chardonnay-Essig
5 ml Sojasauce, 20 Jahre gereift
5 ml Mirin, 3 Jahre gereift
Sake, Geflügelfond

ANRICHTEN:
Zitrone, Maldonsalz, Sansho-Pfeffer
Sepia, Leberwürfel, Rucolakresse
Pfirsichspalten, Sojasauce

» WEINEMPFEHLUNG:
2002 HATTENHEIMER SCHÜTZENHAUS RIESLING SPÄTLESE FRUCHTSÜSS
Weingut Hans Lang
Rheingau

Offensives, duftige Bukett, Birne, Blüten, etwas Tabak. Saftig und animierend im Mund, kräftiger Schmelz, roter Pfirsich, etwas Ananas.

www.weingut-hans-lang.eu

» PROFITIPP:
Die Sepiatuben auf ein Küchentuch legen, um sie besser putzen zu können.
Dennis Maier, Küchenchef

DIAMANTEN: Milch und Sahne mit der Vanilleschote und der Zitronenschale aufkochen und 30 Minuten ziehen lassen, dann passieren. Den Fond erhitzen und das Eigelb und die Schokolade einmixen. Die Flüssigkeit in einen tiefen, hitzebeständigen Behälter umfüllen und mit Klarsichtfolie luftdicht einpacken. Für 1 Stunde im Ofen bei 120 °C im Wasserbad dämpfen, bis die Masse gestockt ist. Kalt stellen. Im Thermomix zerschlagen und in die Silikonform füllen. 24 Stunden gefrieren. Danach ausbrechen und absprühen.

SCHOKOLACK: Alle Zutaten vorsichtig schmelzen.

ERDBEERSORBET: Alle Zutaten bis auf Glucose und Limette miteinander aufkochen. Die Glucose und den Limettensaft in die nicht mehr kochende Flüssigkeit einmixen. In der Eismaschine abdrehen und in Pacojet-Becher füllen.

HOLUNDERBLÜTENGEL: Die Gelatine in Eiswasser einweichen. Alle Zutaten bis auf die Gelatine und den Limettensaft mindestens 3 Minuten kochen. Auf ein Blech gießen und im Kühlschrank mindestens 1 Stunde erkalten lassen. Im Thermomix fein mixen.

ERDBEERCREME: Die Gelatine in kaltem Wasser einweichen. Das Erdbeerpüree erwärmen und die Gelatine darin aufweichen. Die restlichen Zutaten unterheben und abschmecken. Kalt stellen und vor Gebrauch glatt rühren.

VERVEINE-GELEE: Den Zucker karamellisieren. Mit dem Mineralwasser ablöschen. Verveine und den Abrieb der Zitrone dazugeben. Einmal aufkochen und 15 Minuten ziehen lassen. Zitronensaft dazugeben. Durch ein Strumpfsieb passieren. Gelatine in Eiswasser einweichen. Die Flüssigkeit mit dem Agar-Agar mindestens 3 Minuten kochen. Die Gelatine in der warmen Flüssigkeit auflösen, den Fond in ein Rohr geben und auf ein Blech gießen.

IVOIRE-MALTO: Die Schokolade schmelzen und Malto und Goldpuder einrühren.

MASCARPONE-HOLUNDER-SCHAUM: Die Milch und den Zucker erwärmen und das Iota darin glatt rühren. Die restlichen Zutaten beigeben und mit einem Stabmixer glatt rühren. In eine iSi-Flasche abfüllen, 2 Patronen aufdrehen und kalt stellen.

ERDBEERRAGOUT: Die Erdbeeren in Würfel schneiden und mit den restlichen Zutaten abschmecken und kalt stellen.

SCHWIERIGKEITSGRAD: SCHWER | **ZUBEREITUNGSZEIT:** 2 STUNDEN

„DIAMONDS ARE A GIRL'S BEST FRIEND"

FÜR 4 PERSONEN:

DIAMANTEN:
180 ml Sahne, 150 ml Milch
125 g Eigelb, 225 g Ivoire-Schokolade
½ Zitrone, Schale, 1 Vanillestange
Diamanten-Silikonform

SCHOKOLACK:
100 g Schokolade, weiß
75 g Kakaobutter, 17 ml Traubenkernöl

ERDBEERSORBET:
150 g Glucose, 10 g Stab 2000
1 kg Erdbeermark, 200 g Zucker
300 ml Mineralwasser, 2 Limetten, Saft

HOLUNDERBLÜTENGEL:
200 ml Mineralwasser, ½ Limette, Saft
50 ml Holunderblütensirup
2,5 g Agar-Agar, 1 Bl. Gelatine

ERDBEERCREME:
50 g Erdbeerpüree, 120 g Mascarpone
1 Vanilleschote, 1 EL Sahne, geschlagen
½ Bl. Gelatine, Zucker

VERVEINE-GELEE:
1 Bd. Verveine, 1 Zitrone
50 g Zucker, 200 ml Mineralwasser
1,5 Agar-Agar, ½ Bl. Gelatine

IVOIRE-MALTO:
10 g Ivoire-Schokolade
25 g Malto, Goldpuder

MASCARPONE-HOLUNDER-SCHAUM:
200 ml Milch, 100 g Eiweiß
200 g Mascarpone, 65 g Zucker
1 EL Holundersirup, 5 g Iota

ERDBEERRAGOUT:
8 Erdbeeren, 1 TL Puderzucker
½ Limette, Saft und Abrieb

» WEINEMPFEHLUNG:
2005 HATTENHEIMER NUSSBRUNNEN RIESLING AUSLESE
Weingut Balthasar Ress, Rheingau

Ausgezeichnetes Süße-Säure-Spiel und kräftige, würzige Aromen. In der Nase und am Gaumen offenbart der Wein Anflüge von ätherischen Noten wie Eukalyptus. Ein Riesling mit viel Körper und Eleganz.
www.balthasar-ress.de

» PROFITIPP:
Das Erdbeerragout à la minute schneiden und anmachen, da die Erdbeeren sonst matschig werden und an Textur verlieren.
Dennis Maier, Küchenchef

GETREU DEM MOTTO „WENIGER IST MEHR" ERKOCHTE SICH **MARCEL SCHÜSSLER** IM **TANDREAS** MIT HOHER QUALITÄT UND REGIONALEN PRODUKTEN FANS WEIT ÜBER DIE GRENZEN GIESSENS HINAUS.

SCHARF GEWÜRZTE FROHNATUR

Das Business im Küchenalltag ist meistens beinhart und lässt kaum Zeit zum Durchschnaufen. Umso erfrischender ist es, wenn man in eine Küche wie die von Marcel Schüßler im Hotel „Tandreas" in Gießen kommt. Lautes, ansteckendes Lachen schallt einem da gleich entgegen und tatsächlich ist die Atmosphäre in Schüßlers Refugium ausgesprochen temperamentvoll. Zwar wird an den anspruchsvollen Kreationen mit höchster Konzentration gearbeitet, doch kommt dem „Tandreas"-Team immer wieder ein flotter Spruch über die Lippen. Schüßler ist nun bereits seit Sommer 2012 für das kulinarische Konzept des Hauses verantwortlich und sorgt gemeinsam mit seinem Küchenteam für regelrechte Genussstunden. Dass Fine Dining auch Spaß machen kann und soll, beweist er jeden Tag aufs Neue.

ADRETT
CHARMANTES FAMILYBUSINESS

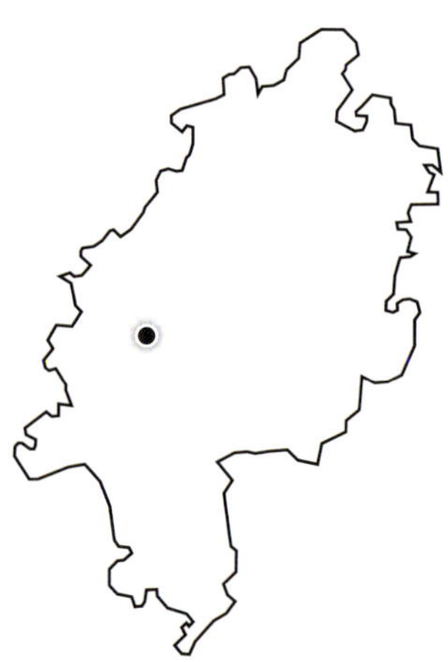

Tandreas Hotel Restaurant Weinlounge
Licher Straße 55
D-35394 Gießen
Tel.: +49 (0) 641/940 70
E-Mail: info@tandreas.de
www.tandreas.de

Tanja Gerlach führt das „Tandreas" in erster Generation gemeinsam mit ihrem 20-köpfigen Team. Als gelernte Hotelfachfrau ist sie Mädchen für alles: Geschäftsführerin, Eigentümerin, Sommeliere und Mutter ihrer 13-jährigen Tochter Marie-Louise. Ihr Credo: Lässigkeit statt aufgesetzter Steifheit, gemütlich ein Glas Wein trinken und ein mit viel Liebe zubereitetes Essen in entspannter Atmosphäre genießen. Im Hotel „Tandreas" in Gießen sind Gemütlichkeit ohne Schnörkel, Wertigkeit ohne übertriebenen Glamour und Natürlichkeit in allen Materialien der Schlüssel zum Erfolg. Und diese Wohlfühlfaktoren spürt man im ganzen Haus: Die tiefe Verbundenheit mit dem hohen Norden sowie ein Sich-zu-Hause-Fühlen in den Bergen schaffen hier eine perfekte Verbindung zwischen Land und Meer, denn Gießen liegt genau in der Mitte.

SCHWIERIGKEITSGRAD: SCHWER | **ZUBEREITUNGSZEIT:** JE NACH TALENT

FLUSSKREBSE

NEKTARINE/WASSERMELONE/GEBACKENER KALBSKOPF/ WEISSE TOMATE/ZITRONENGRASVINAIGRETTE

FLUSSKREBSE: Das Wasser stark zum Kochen bringen, mit Salz, Dillblüten und Kümmel kräftig abschmecken. Die Krebse lebend, jeweils 10 Stück aus einer Schüssel heraus, kopfüber für exakt 3 Minuten in den Topf schütten. Nach der abgelaufenen Zeit sofort mit einer Schaumkelle herausnehmen und im Eiswasser abschrecken. Flusskrebse ausbrechen, Körper, Köpfe und andere Reste aufbewahren.

NEKTARINEN: Den braunen Zucker in einer Pfanne leicht karamellisieren lassen, die Nektarinen auf der Schnittfläche mit Honig, Rosmarin, Thymian und Olivenöl benetzen, kurz angehen lassen und mit dunklem Balsamico ablöschen. Bis zum Anrichten beiseitestellen.

WASSERMELONE: Die Wassermelone in gleich große Würfel oder Rechtecke schneiden. Mit einer Grillpfanne ein sauberes Muster in die Melone garen. Danach kurz abkühlen lassen, mit Olivenöl, Fleur de Sel und Minze marinieren und wenn möglich vakuumieren.

GEBACKENER KALBSKOPF: Die Kalbsmaske von allen feinen Haaren befreien, gründlich wässern und in einem großem Topf mit reichlich kaltem Wasser ansetzen. Alle anderen Stücke, das Wurzelgemüse, die Gewürze und den Essig dazugeben und so lange langsam kochen, bis die Garpunkte der einzelnen Komponenten erreicht sind.

WEISSE TOMATE: Den Tomatenfond erhitzen und die in kaltem Wasser eingeweichte Gelatine darin auflösen. Alles in eine Schüssel geben und diese dann auf einem Eiswasserbad mit einem Schneebesen sehr schaumig schlagen. Mit den Gewürzen, Gin sowie dem Champagner abschmecken und die locker geschlagene Sahne vorsichtig unterheben. In eine mit Klarsichtfolie ausgelegte Kastenform füllen und glatt streichen. 1 Stunde kalt stellen.

ZITRONENGRASVINAIGRETTE: Den Gemüsefond leicht erwärmen, Xantana, Limonensaft und -abrieb, Vanille, Salz sowie Zitronengras einrühren und im Fond 15 Minuten ziehen lassen. Danach passieren, Traubenkernöl einmontieren, nochmals mit Salz, Pfeffer, Zucker und Balsamico abschmecken und kalt stellen.

FÜR 4 PERSONEN:

FLUSSKREBSE:
25 Flusskrebse, Wasser, Kümmel,
Dillblüten, Salz, Eis zum Abkühlen

NEKTARINEN:
4 Nektarinen, 1 EL Honig
1 Rosmarinzweig, 1 Thymianzweig
2 EL Zucker, braun
50 ml Balsamicoessig
2 EL Olivenöl

WASSERMELONE:
1 Wassermelone, Olivenöl
Fleur de Sel, Minze

GEBACKENER KALBSKOPF:
1 Kalbsmaske
1 Kalbszunge, gepökelt
2 Kalbsbäckchen, Wurzelgemüse
Piment, ganz, Pfeffer, weiß
Wacholder, Salz, Tafelessig

WEISSE TOMATE:
200 ml Tomatenfond, weiß (gemixt mit Aromaten abgehangener klarer Flüssigkeit)
150 g Sahne, geschlagen
3 Bl. Gelatine
Salz, Pfeffer, Cayennepfeffer, Gin
1 cl Champagner

ZITRONENGRASVINAIGRETTE:
250 ml Gemüsefond
0,8 g Xantana
1 Msp. Vanille
1 Msp. Salz
150 ml Traubenkernöl
5 Stg. Zitronengras, geschnitten und zerstoßen
3 Limonen, Saft und Abrieb
Salz, Pfeffer, Zucker
Balsamico, hell

» WEINEMPFEHLUNG:
LAUMERSHEIMER SAUVIGNON BLANC 2012
Weingut Zelt
Laumersheim

Hellgelb mit grünen Reflexen, in der Nase herrlicher floraler Duft nach Holler, Heu und Stachelbeere.
www.weingutzelt.de

» PROFITIPP:
Körper, Köpfe und Co. bei den Flusskrebsen aufbewahren. Eignen sich perfekt für einen Suppenansatz.
Marcel Schüßler, Küchenchef

SCHWIERIGKEITSGRAD: MITTEL | **ZUBEREITUNGSZEIT:** 1 ½ STUNDEN

WILDER ATLANTIK-LOUP-DE-MER

PULPO/CANNELLINI-BOHNEN/PIMENTÓS/CHORIZO

FÜR 4 PERSONEN:

LOUP DE MER:
1 Stk. Loup de Mer, 2 bis 3 kg
Fenchelsamen, Koriander, ganz
Pfeffer, weiß, Sechuanpfeffer
Sternanis, Piment, Chili, getrocknet
Butter, Thymianzweig

CANNELLINI-BOHNEN-CREME:
300 g Cannellini-Bohnen, groß
500 ml Gemüsebrühe, hell
250 ml Sahne, 250 ml Wasser
Lorbeer, Rosmarin, Chili
Knoblauch, Fleur de Sel

CANNELLINI-BOHNEN-CHORIZO-PIMENTÓS-EINTOPF:
300 g Cannellini-Bohnen
100 g Chorizowürfel, fein
80 g Gemüsewürfel, fein
(Karotte, Sellerie, Lauch)
80 g Schalottenwürfel, Lauch
3 Spitzpaprika, in Form
geschnitten und abgezogen
2 Tomaten ohne Haut, fein geschnitten
400 ml Tomatenfond, Petersilie
400 ml Fischfond, klar (aus Kopf und
Gräten des Loup de Mer)
2 cl Weißwein, 2 cl Noilly Prat
2 cl Pernod, 2 EL Tomatenmark
Gewürzaromatenbeutel (Thymian,
Rosmarin, Chili), Balsamicoessig, weiß
1 EL Pimentón de la Vera
Paprikapulver Rubino, Salz, Pfeffer

PULPO:
1 Stk. Pulpo, 1 ½ bis 2 kg
1 Bd. Wurzelgemüse, Knoblauch
3 cl Weißwein, 2 Korken, Öl
Gewürze, Aromate, Wasser

ANRICHTEN:
Kräuter, Limonenöl, Fleur de Sel
Knoblauch, Spitzpaprika

CANNELLINI-BOHNEN-CREME: Die Bohnen in 250 Milliliter Wasser und 500 Milliliter Gemüsebrühe mit allen Aromaten gut weich kochen. Sind die Bohnen weich, durch ein Spitzsieb abschütten und etwas ausdampfen lassen. Nun die Aromaten wieder entnehmen. Einen flachen Topf aufstellen, die Bohnen und die Sahne zusammen aufkochen, bis die Bohnen die Sahne fast aufgenommen haben. Alles fein mixen, sodass eine weiße cremige Konsistenz entsteht.

CANNELLINI-BOHNEN-CHORIZO-PIMENTÓS-EINTOPF: Einen flachen Topf aufstellen und den Boden mit etwas Olivenöl bedecken. Die Chorizowürfel, die Schalottenwürfel, wachsweiche Bohnen und die Gemüsewürfel anschwitzen. Nun die Gewürze sowie das Tomatenmark beigeben, etwas anrösten und mit Noilly Prat, Pernod und Weißwein ablöschen. Einreduzieren lassen. Nach und nach mit beiden Fonds auffüllen, bis die Bohnen weich sind und die Flüssigkeit eine gebundene Konsistenz angenommen hat. Nun mit den Tomaten, dem Spitzpaprika, dem Lauch, dem Essig und etwas frisch in Streifen geschnittener Blattpetersilie abrunden, nachschmecken und anrichten.

PULPO: Das grob geschnittene Wurzelgemüse, den Knoblauch, die Gewürze und Aromaten in reichlich Olivenöl andünsten, dann mit Weißwein ablöschen. 3 bis 4 Liter kaltes Wasser auffüllen, nun warten, bis das Wasser leicht kocht, den Pulpo 7 Mal eintauchen und dann komplett versenken. Die Temperatur des Herdes zurückdrehen und nur noch ziehen lassen, bis man mit einem kleinen Messer nicht mehr in den Tentakeln des Pulpos stecken bleibt.

LOUP DE MER: Kurz vor dem Anrichten eine beschichtete Pfanne aufstellen, den Loup de Mer in 4 gleich große Stücke schneiden. Auf der Hautseite 3 halb tiefe Schnitte in die Haut schneiden, damit sich der Fisch beim Finish-Bratvorgang nicht verformen kann. Mit der Gewürzmischung großzügig abschmecken. Nun den Fisch mit der Hautseite zuerst anbraten, mit einer Palette leichten Druck von oben auf das Fischfilet ausüben, sodass die Haut gerade auf dem Pfannenboden aufliegt. Den Bratvorgang so lange fortsetzen, bis die Haut gut knusprig scheint, einmal wenden, etwas frische Butter dazugeben sowie einen Zweig Thymian und fertigstellen.

ANRICHTEN: Die Bohnencreme der Länge nach auf dem Teller verteilen, nun den Bohneneintopf mit den frischen Kräutern kurz aufstoßen lassen und auf den Anfangspunkt der Bohnencreme platzieren. Den nachgebratenen Loup de Mer darauf ausrichten. Die Pulpoarme kurz und nicht zu heiß in etwas Limonenöl, Fleur de Sel und jungem Knoblauch erwärmen und auf den Loup de Mer platzieren. Mit geschmorter Spitzpaprika garnieren.

» WEINEMPFEHLUNG:
CHARDONNAY 2011
Judith Beck
Gols

In der Nase ausgeprägte Frucht von reifem Weingartenpfirsich und Quitte. Am Gaumen vollmundig, cremig, feine Vanille-Toastaromen.
www.weingut-beck.at

» PROFITIPP:
Die Legende des weichen Pulpos durch Mitkochen der Korken: ausprobieren und selbst eine Meinung bilden!
Marcel Schüßler, Küchenchef

SCHWIERIGKEITSGRAD: SCHWER | **ZUBEREITUNGSZEIT:** 2 STUNDEN

CASSIS/ MARSHMALLOW

SAUERRAHM/SCHOKOLADE

FÜR 4 PERSONEN:

MARSHMALLOW:
75 g Cassispüree
20 g Zucker
1 Bl. Gelatine
125 g Puderzucker
1 EL Speisestärke
1 EL Puderzucker

CASSIS-FRUCHTGUMMI:
100 g Cassispüree
50 g Zucker
20 ml Crème de Cassis
2 Bl. Gelatine
Ascorbinsäure

CASSIS-MACARONS:
125 g Mandelmehl, fein
125 g Puderzucker
25 g Mehl
55 g Eiweiß
55 g Eiweiß
20 g Zucker
100 ml Cassissirup
100 g Zucker

SAUERRAHMEIS:
125 g Puderzucker
40 ml Zitronensaft,
frisch gepresst, plus Abrieb
375 g Sauerrahm, 24 % Fett
50 ml Sahne, 33 % Fett
50 ml Milch, 1,5 % Fett
Vanille

MARSHMALLOW: Cassispüree und Zucker aufkochen, die in kaltem Wasser eingeweichte Blattgelatine darin auflösen. Die Flüssigkeit mit der Gelatine nicht mehr zum Kochen bringen, da sonst die Gelierkraft der Blattgelatine verloren geht. Die noch heiße Cassis-Zucker-Mischung mit dem Handrührgerät 8 bis 10 Minuten kalt schlagen. Die luftige Masse zügig in die mit Speisestärke und Puderzucker ausgestreute Form abfüllen und kalt stellen.

CASSIS-FRUCHTGUMMI: Das Cassispüree mit der Crème de Cassis vermengen, erwärmen, die eingeweichte Blattgelatine darin auflösen, in eine mit Klarsichtfolie ausgelegte Tupperdose füllen und kalt stellen. Zum Anrichten die Form stürzen, in gleichmäßige Würfel schneiden und in Zucker sowie Ascorbinsäure wälzen.

CASSIS-MACARONS: Mandelmehl und Puderzucker fein mixen, mit Mehl und Eiweiß vermischen. Eiweiß und Zucker in der Kitchen Aid an schlagen, heißen Cassis- sowie Zuckersirup langsam in die geschlagene Eiweißmasse fließen lassen. Beide Massen vorsichtig mischen, danach in einen Spritzbeutel mit Lochtülle abfüllen. Silpatmatte ausbreiten, mit dem Spritzbeutel 2-Euro-Stück-große Oblaten aufspritzen. 30 Minuten an einem trockenen Ort an der Luft antrocknen lassen, bei 165 °C im Backofen fertigbacken.

SAUERRAHMEIS: Alle Zutaten in einer Schüssel mischen und in einer Eismaschine abdrehen. Im Tiefkühlschrank bis zum Servieren bereitstellen.

» WEINEMPFEHLUNG:

2012 BEERENAUSLESE ZWEIGELT
Weinlaubenhof Kracher
Illmitz

In der Nase reife Waldbeeren und Herzkirschen. Am Gaumen Dörrpflaume und süße Erdbeerkonfitüre, zarte Gewürznoten von Nelken und Zimt im Abgang.
www.kracher.at

» PROFITIPP:

Die Abstände zwischen den Macarons nicht zu knapp wählen, da diese beim späteren Backen etwas auseinanderlaufen.
Marcel Schüßler, Küchenchef

KULINARISCHE GIGANTOMANIE: **SEBASTIAN ROISCH** IST IN FRANKFURTS INSTITUTION **ZENZAKAN** DER HÜTER DES ULTIMATIVEN GESCHMACKS UND KÄMPFT FÜR MEHR STIL AUF DEM TELLER.

COOLE AROMEN ATTACKE

Während draußen an der Taunusanlage die Wolkenkratzer kalt in den Himmel emporragen, betritt man im „Zenzakan" eine exotische Welt aus fernöstlicher Kunst und Kulinarik. Es ist jedoch nicht nur das extrem stimmige Raumkonzept, das beeindruckt: Auch die Kreationen von Sebastian Roisch sind von atemberaubender Schlagkraft. Der experimentierfreudige Küchenchef schafft das große Kunststück, panasiatische Gerichte modern zu interpretieren. So entstehen immer wieder außergewöhnliche Neukreationen, die vor allem Japan-Fans in ihren Bann ziehen. Inspirieren lässt sich der 39-Jährige am liebsten auf seinen Reisen durch China, Vietnam, Thailand und Japan. So findet man im „Zenzakan" aus jeder Küche etwas: von frischen Sushi-Rollen über thailändische Suppen bis hin zum Kobe-Filet.

FRANKFURTS **KULINARIK VISIONÄRE**

Zenzakan
Taunusanlage 15
D-60325 Frankfurt am Main
Tel.: +49 (0) 69/97 08 69 08
E-Mail: www.mook-group.de/zenzakan

Christian Mook ist kein Typ für halbe Sachen. Entweder ganz oder gar nicht. Und so ist es auch nicht verwunderlich, dass seine fünf Locations in Frankfurt zu den absoluten Favoriten der hiesigen Gourmetszene gehören. Mit dem „Zenzakan" ist ihm aber der wahrscheinlich pompöseste Geniestreich geglückt: Fine Dining auf der Fläche eines halben Fußballstadions, umzingelt von riesigen Buddhaköpfen und Kriegerarmeen an den Wänden. Gemeinsam mit seinem Wingman und Executive Manager Feres Ladjimi hat er dafür gesorgt, dass der „Pan Asian Supperclub" nicht nur zum Eldorado für fernöstliche Kulinarikfans mutierte, sondern sich auch zur spektakulärsten Eventlocation der Mainmetropole gemausert hat. Wie kaum jemand anderes schaffen es die beiden, für eine ideale Symbiose aus Kulinarik und Flair zu sorgen.

SCHWIERIGKEITSGRAD: MITTEL | **ZUBEREITUNGSZEIT:** 3 STUNDEN

SHORT RIBS MIT KNOCHEN

PASTINAKENMOUSSE/KRÄUTERSEITLING

US-SHORT-RIBS UND MARINADE: Alle Zutaten bis auf die Short Ribs, die Zwiebeln und das Pfeilwurzelmehl miteinander zu einer Mariande vermengen. Die Short Ribs parieren und 48 Stunden in der Marinade einlegen. Anschließend die Short Ribs auf die Zwiebeln in einen Bräter legen, mit der Marinade aufgießen, abdecken und 2,5 bis 3 Stunden bei 180 °C schmoren. Herausnehmen, den Fond abgießen, Fett abschöpfen und die dabei entstandene Sauce mit Pfeilwurzelmehl binden. Den Short Rib kurz im Grill gratinieren und immer wieder mit der Sauce übergießen.

PASTINAKENPÜREE: Die Pastinaken schälen und in Würfel schneiden. In der Butter anschwitzen, mit Salz würzen, Sahne sowie Merin aufgießen und zugedeckt bei mittlerer Hitze köcheln lassen. Pürieren.

KRÄUTERSEITLINGE: Die Pilze putzen, in Öl anbraten, mit Butter, Sojasauce und Merin glacieren.

ANRICHTEN: Den Short Rib neben dem Pastinakenpüree platzieren, mit Kräuterseitlingen, Pumpernickel und Bohnenkraut-Tempura garnieren. Die Sauce darübernappieren.

FÜR 4 PERSONEN:

US-SHORT-RIBS UND MARINADE:
1 kg US-Short-Ribs
100 ml Sojasauce, dunkel
100 ml Sake
200 ml Rinderbrühe
50 ml Worcestersauce
10 g Pfeffer, schwarz, zerstoßen
1 Chili, rot und scharf
1 Ingwerknolle, in Scheiben geschnitten
1 Knoblauchknolle, klein gehackt
3 Zwiebeln, groß und
in dicke Ringe geschnitten
50 g Zucker, braun
1 EL Pfeilwurzelmehl

PASTINAKENPÜREE:
1 kg Pastinaken
125 g Butter
50 g Merin
250 ml Sahne
Salz

KRÄUTERSEITLINGE:
10 Kräuterseitlinge, mittelgroß
1 EL Pflanzenöl
1 EL Butter
2 EL Sojasauce
2 EL Merin

ANRICHTEN:
Pumpernickel, getrocknet
Bohnenkraut-Tempura

» WEINEMPFEHLUNG:
VALSERRANO FINCA MONTEVIEJO 2006
Viñedos y Bodegas de la Marquesa – Valserrano
Rioja, Spanien

Erinnert an saftige reife Herzkirschen, Pflaumenmus, geraspelte dunkle Schokolade, Sanddorn und Kaffee.
www.amadoro.de

» PROFITIPP:
Auf heimische Kräuterseitlinge achten! Lieber regionale Champignons, falls keine heimischen Kräuterseitlinge greifbar.
Sebastian Roisch, Küchenchef

SCHWIERIGKEITSGRAD: MITTEL | **ZUBEREITUNGSZEIT:** 1 STUNDE

„OPEN RAMEN LAMB BURGER"

KRÄUTERPESTO: Rosmarin und Salbei mit etwas schwarzem Pfeffer, Salz, der Knoblauchzehe, Bohnenkraut, Petersilie und dem Olivenöl zu einer homogenen Masse mixen.

BURGER: Die Lammbrust mit Salz, Pfeffer und 2 Esslöffeln vom Kräuterpesto würzen. Die Lammbrust einrollen, binden und straff vakuumieren. 12 Stunden bei 80 °C im Wasserdampf garen, anschließend im Ganzen nochmals anbraten und in Scheiben schneiden. Die Kenia-Bohnen blanchieren und mit altem Balsamico, Teriyaki und 2 Esslöffeln Kräuterpesto marinieren. Die Zwiebeln in Butter anschwitzen, Edamame-Bohnen dazugeben, mit Sahne aufgießen, weich dünsten und pürieren. Die Ramen-Nudeln kurz befeuchten und in heißem Fett kross ausbacken.

ANRICHTEN: Auf die krossen Ramen eine Lage Kenia-Bohnen legen. Darauf 2 Scheiben vom Lammbraten legen und darauf Edamame-Püree und das Kräuterpesto drapieren. Mit etwas altem Balsamico beträufeln und mit Röstzwiebeln bestreuen.

FÜR 4 PERSONEN:

KRÄUTERPESTO:
1 Bd. Bohnenkraut
1 Bd. Blattpetersilie
Pfeffer, schwarz
1 Rosmarinzweig
7 Salbeiblätter
1 Knoblauchzehe
1 EL Olivenöl
Salz

BURGER:
250 g Ramen-Nudeln
500 ml Fett, zum Ausbacken
600 g Lammbrust
125 g Kenia-Bohnen
250 g Edamame-Bohnen
150 ml Sahne
1 Zwiebel, klein gewürfelt
1 EL Butter
50 ml Balsamico, alt
50 ml Teriyaki-Sauce
Salz, Pfeffer

» WEINEMPFEHLUNG:
KLINGENBERGER SPÄTBURGUNDER „R" 2011
Weingut Stadt Klingenberg
Klingenberg

Dieser athletisch kraftvolle Kamerad überzeugt durch seine erdige Mineralität, appetitliche Säure und sein Potpourri an roten Steinfrüchten und kräutriger Würze.

www.weinhandel-fertsch.de

» PROFITIPP:
Statt Lammbrust kann auch Schulter oder Hüfte verwendet werden.
Sebastian Roisch, Küchenchef

SCHWIERIGKEITSGRAD: MITTEL | **ZUBEREITUNGSZEIT:** 3 STUNDEN

TAKOYAKI

JAPANISCHE SPEZIALITÄT AUS DEM TAKOYAKI-TEPAN-EISEN

FÜR 4 PERSONEN:

FÜLLUNG:
1 Tintenfisch, ganz, 600 g
1 Stg. Staudensellerie
½ Fenchelknolle
200 ml Weißwein
1 Knoblauchzehe
Salz , Pfefferkörner
50 ml Sojasauce
50 ml Merin
2 EL Pflanzenöl
2 Stg. Frühlingslauch

TEIG:
30 g Yamswurzel, gerieben
140 g Weizenmehl, Typ 405
40 g Kartoffelmehl
2 Eier
500 ml Wasser
100 ml Sojasauce, dunkel

ANRICHTEN:
japanische Mayonnaise
Katsuobushi-Bonito-Flakes

FÜLLUNG: Den Tintenfisch mit Staudensellerie, Fenchel, Salz, Pfeffer, Weißwein sowie Knoblauch 1 Stunde köcheln lassen und beiseitestellen. Danach abkühlen lassen. Die Spitzen abschneiden und mit etwas Sojasauce und Merin marinieren. Den Rest des Tintenfisches in kleine Würfel schneiden.

TEIG: Alle Zutaten zu einem Teig rühren und 1 Stunde ruhen lassen, danach beiseitestellen.

ZUBEREITUNG: Das Takoyaki-Tepan erhitzen und mit Pflanzenöl ausstreichen. Den Teig in das heiße Eisen eingießen, bis die Halbkugeln gefüllt sind. Auf dem Gasherd erst auf großer Flamme, dann auf halber Flamme anbacken lassen. Nach 1 Minute 1 Teelöffel der Oktopus-Würfel in die Mitte geben und mit 1 Teelöffel Frühlingslauch einstreuen. Mit Stäbchen die Teigkugeln so lange drehen, bis sie braun und kross sind.

ANRICHTEN: Auf die Takoyaki einen Klecks japanische Mayonnaise geben. Mit Katsuobushi bestreuen. Die Tintenfisch-Spitzen kurz angrillen und daneben anrichten.

» WEINEMPFEHLUNG:
DOMAINE DE L'HORIZON ROSÉ 2012
Thomas Teibert
Vin de Pays des Côtes Catalanes

Deutliche Nuancen von Weichsel, Kumquat, Grapefruit und Weinberg-pfirsich sind prägnant.
www.alleswein.com

» PROFITIPP:
Die Takoyaki können auch als süße Variation mit Schokolade oder Nougat zubereitet werden.
Sebastian Roisch, Küchenchef

|A|

|B|

|C|

|F|

|G|

|H|

|I|

|J|

|K|

|L|

FLIEGENDE KÖCHE BY CHRISTOPH BRAND

HOTEL KRONENSCHLÖSSCHEN

KRAFTWERK

MAX ON ONE IM JUMEIRAH FRANKFURT

MON AMIE MAXI

NEXT LEVEL IN DER KAMEHA SUITE FRANKFURT

PHILIPP SOLDAN IM RELAIS & CHÂTEAUX HOTEL DIE SONNE FRANKENBERG

RESTAURANT FRANÇAIS IM STEIGENBERGER FRANKFURTER HOF

OUTTAKES: WIR TRAFEN AUF UNSERER REISE **15 CHARMANTE, HOCH MOTIVIERTE KÜCHENVIRTUOSEN** – UND DIE WAREN NICHT NUR SEHR GEDULDIG, SONDERN AUCH ZU SPÄSSEN AUFGELEGT.

DIE LUSTIGSTEN SEITEN DIESES KOCHBUCHS

Im Angesicht des wohl schmackhaftesten Ungeheuers des Meeres: „Mon Amie Maxi"-Küchenchef Frank Möbes und Fotograf Wolfgang Hummer starren in das Antlitz unseres knipsenden Alter Egos und sind in hellster Vorfreude auf die aquatischen Qualitäten des beeindruckenden Biests. Ebenso ein Garant für immer wiederkehrende Aha-Erlebnisse bei sämtlichen Fotoshootings: Wolfgang Hummers Dust Ex Blower. Keine Minirakete, sondern ein Kameralinsenreinigungstool. Cool in jeder Lebenslage: Christoph Brand. Doch ohne die nordhessische Ahle-Wurscht geht beim hiphoppenden „fliegende Köche"-Chef rein gar nichts. Nicht einmal pudern lässt er sich ohne sein heiß geliebtes Slow-Food-Produkt.

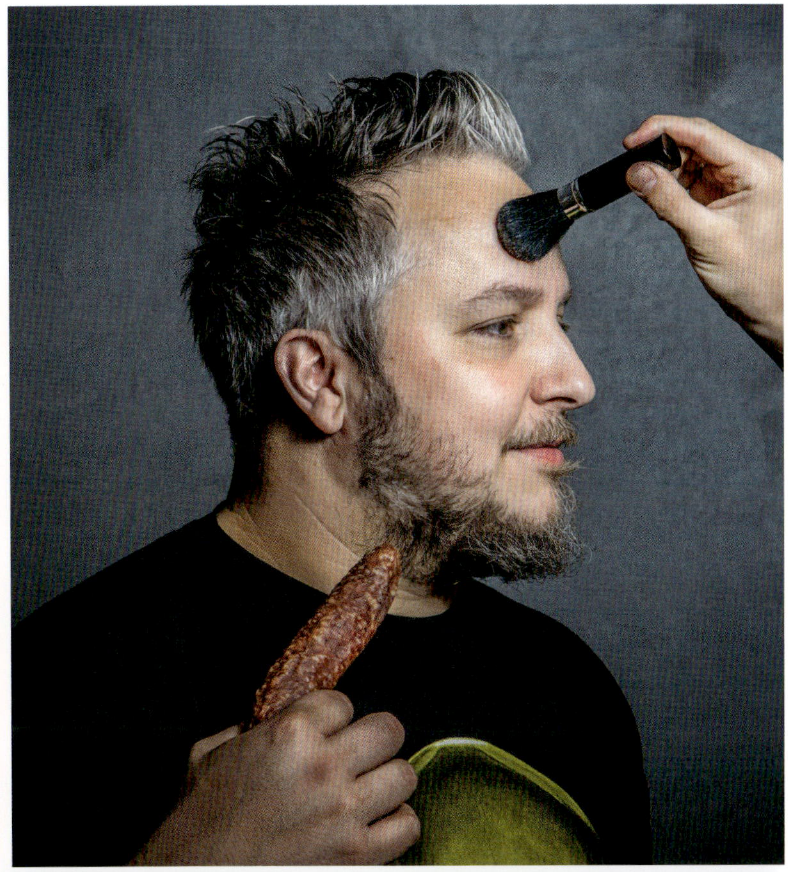

„Ja, mir san mit'm Radl da" ist nicht nur der größte Hit von „Die 3 lustigen Moosacher", sondern auch das kollektive Motto des Frankfurter „Restaurant Heimat"-Teams. Letztendlich gelang der Versuch, die fröhliche Crew plus Drahtesel in den Türrahmen zu bekommen, ohne aus selbigem zu fallen. Intensives Bockschauen mit einem Krieger der berühmten chinesischen Terrakotta-Armee stand hingegen bei „Sra Bua by Juan Amador"-Küchenchef Dennis Maier auf dem Plan. Und wenn sie nicht gestorben sind, dann glotzen sie noch heute. Ihre sportlichen Ausdauerfähigkeiten demonstrierten wiederum die zwei waschechten Steirerburschen Bertl Seebacher und Georg Hoffelner. Um den Boxsack auch an der richtigen Stelle in Szene zu setzen, musste Autor Georg Hoffelner in luftigen Höhen als menschliche Montageschraube agieren. Und als strahlender Samuraiitter fungierte Bodyguard und „Zenzakan"-Küchenchef Sebastian Roisch für seine beiden Chefs Christian Mook und Feres Ladjimi, die auch als Geishas rundum zu glänzen wissen.

THE
UNIVERSAL
GYM
LONDON

Augen zu und durch lautete das Motto für Rico Franke. Ob dem „Roomers"-Küchenchef in diesem Augenblick die komplett abgedrehte Kuckucksuhr auf den sprichwörtlichen Wecker ging oder die Zaungäste beim Foto-shooting: Wir werden es wohl nie erfahren. Die Nase rümpfen musste auch „Tandreas"-Chefkoch Marcel Schüßler, jedoch bestimmt nicht aufgrund des Odeurs dieses prachtvollen Meeresbewohners. Vielmehr sorgte in diesem Moment der Fotoblitz eine Millisekunde lang für Verstimmtheit beim sonst stets gut gelaunten Ausnahmekoch. Spitze drauf sind auch die beiden Sommeliers Helge Hagen und Florian Richter im „Hotel Kronenschlösschen". Kein Wunder, betreuen die beiden doch eine der besten Weinkarten Deutschlands mit mehr als 2000 Positionen. In eine für ihn dann doch eher ungewöhnliche Position brachte sich auch Autor Georg Hoffelner. Damit bei den akribisch geplanten Fotoshootings auch alles bis in kleinste Detail passt, wurden sogar die Treter von „Sonne Stuben"-Küchenchef Timo Schröder gestriegelt.

ADRESSEN ALLER BETRIEBE

FLIEGENDE KÖCHE BY CHRISTOPH BRAND
Lilienthalstraße 15 | D-34123 Kassel
Tel.: +49 (0) 561/98 85 30-1
E-Mail: info@fliegende-koeche.de
www.fliegende-koeche.de

HOTEL KRONENSCHLÖSSCHEN
Rheinallee 1 | D-65347 Eltville-Hattenheim
Tel.: +49 (0) 67 23/640
E-Mail: info@kronenschloesschen.de
www.kronenschloesschen.de

KRAFTWERK
Zimmersmühlenweg 2 | D-61440 Oberursel
Tel.: +49 (0) 61 71/92 99 82
E-Mail: willkommen@kraftwerkrestaurant.de
www.kraftwerkrestaurant.de

MAX ON ONE IM JUMEIRAH FRANKFURT
Thurn-und-Taxis-Platz 2 | D-60313 Frankfurt am Main
Tel.: +49 (0) 69/297 23 71 98
E-Mail: JFMaxOnOne@jumeirah.com
www.jumeirah.com/Jumeirah-Frankfurt

MON AMIE MAXI
Bockenheimer Landstraße 31 | D-60325 Frankfurt am Main
Tel.: +49 (0) 69/71 40 21 21
E-Mail: info@mook-group.de
www.monamiemaxi.de

NEXT LEVEL IN DER KAMEHA SUITE FRANKFURT
Taunusanlage 20 | 60325 Frankfurt am Main
Tel.: +49 (0) 69/48 00 37-0
E-Mail: frankfurt@kamehasuite.de
www.kamehasuite.de

PHILIPP SOLDAN IM RELAIS & CHÂTEAUX HOTEL DIE SONNE FRANKENBERG
Marktplatz 2–4 | D-35066 Frankenberg/Eder
Tel.: +49 (0) 64 51/75 08 00
E-Mail: reservierung@philipp-soldan.de
www.sonne-frankenberg.de

RESTAURANT FRANÇAIS IM STEIGENBERGER FRANKFURTER HOF
Am Kaiserplatz 1 | D-60311 Frankfurt am Main
Tel.: +49 (0) 69/21 51 18
E-Mail: info@francais-restaurant.de
www.francais-restaurant.de

RESTAURANT HEIMAT
Berliner Straße 70 | D-60311 Frankfurt am Main
Tel.: +49 (0) 69/29 72 59 94
E-Mail: info@heimat-restaurant.de
www.heimat-frankfurt.com

ROOMERS RESTAURANT
Gutleutstraße 85 | D-60329 Frankfurt am Main
Tel.: +49 69/2713420
E-Mail: restaurant@roomers.eu
www.roomers.eu

SEVEN SWANS
Mainkai 4 | D-60311 Frankfurt am Main
Tel.: +49 (0) 69/21 99 62 26
E-Mail: service@sevenswans.de
www.sevenswans.de

SONNE STUBEN IM RELAIS & CHÂTEAUX HOTEL DIE SONNE FRANKENBERG
Marktplatz 2–4 | D-35066 Frankenberg/Eder
Tel.: +49 (0) 64 51/75 00
E-Mail: info@sonne-frankenberg.de
www.sonne-frankenberg.de

SRA BUA BY JUAN AMADOR IM KEMPINSKI HOTEL FRANKFURT GRAVENBRUCH
Graf-zu-Ysenburg-und-Büdingen-Platz 1
D-63263 Neu-Isenburg
Tel.: +49 (0) 69/389 88-0
E-Mail: srabua.frankfurt@kempinski.com
www.kempinski.com/de/frankfurt/hotel-gravenbruch

TANDREAS HOTEL RESTAURANT WEINLOUNGE
Licher Straße 55 | D-35394 Gießen
Tel.: +49 (0) 641/940 70
E-Mail: info@tandreas.de
www.tandreas.de

ZENZAKAN
Taunusanlage 15 | 60325 Frankfurt am Main
Tel.: +49 69/97 08 69 08
E-Mail: info@mook-group.de
www.mook-group.de/zenzakan

BEREITS ERSCHIENEN

„GOURMETREISE" – DAS REISEMAGAZIN FÜR GENIESSER

Top-Storys und Reportagen von kreativen und versierten Reise-, Food- und Weinjournalisten führen Sie zu den außergewöhnlichsten Orten und geheimen Genusstempeln rund um den Globus – Insidertipps inklusive! Das und die bestechende Bildsprache machen GOURMETREISE zu dem Magazin für Reisen, Essen und Trinken.

EUR 7,00 – alle drei Monate neu am Kiosk oder als Abo!

„SALZBURG KOCHT"

Genussvolle Momentaufnahmen: 15 der angesagtesten Kochstars aus Salzburg wie Johanna Maier & Söhne, Karl & Rudi Obauer oder Andreas Döllerer gewähren einen exklusiven Blick hinter die Kulissen und präsentieren ihre Ideen und besten Rezepte. **EUR 29,90**

„BERLIN KOCHT"

In Berlin geht der kulinarische Punk ab. Die herausragendsten Akteure der Berliner Genusswelten wie die 2-Sterne-Köche Hendrik Otto und Tim Raue oder Gourmet-Rocker Kolja Kleeberg servieren in diesem Buch je ein raffiniertes Menü.

EUR 29,90

„BADEN-WÜRTTEMBERG KOCHT"

Baden-Württemberg scheint dem Himmel ein gutes Stück näher zu sein als der Rest Deutschlands. Nirgendwo sonst sind die Sterne nämlich so zahlreich wie hier. Herausragende Akteure, wie 3-Sterne-Koch Harald Wohlfahrt, servieren Gerichte, die überraschen. **EUR 29,90**

„BAYERN KOCHT"

Kulinarische Spielwiese für Genießer: 15 Kochkünstler, unter ihnen Legenden wie Alfons Schuhbeck, Heinz Winkler oder auch Otto Koch sowie Küchenpunk Bernd Arold zeigen je ein dreigängiges Menü, das so einzigartig ist wie die kreativen Köpfe, die dahinter stecken. **EUR 29,90**

IMPRESSUM

Vielen Dank an alle beteiligten Köche und Gastgeber.

Ein „GOURMETREISE-Edition"-Kochbuch der ROLLING PIN Media GmbH.
www.gourmetreise.com

Redaktionell verantwortlich für den Inhalt: Mag. Georg Hoffelner
Autor: Mag. Georg Hoffelner
Layout: DI (FH) Philipp Wagner
Fotografie: Wolfgang Hummer/www.wohu.at
Weitere Fotos im Innenteil: beigestellt
Druck: Niederösterreichisches Pressehaus
printed in Austria
ISBN 978-3-9503065-6-9
www.gourmetreise.com